獻給

幾十年如一日陪伴和支持我的

陳慈

執子之手 與之偕老

給我心愛的

小詩涵

健康 快樂 堅強 勇敢
謙虛 好學 勤奮 寬容

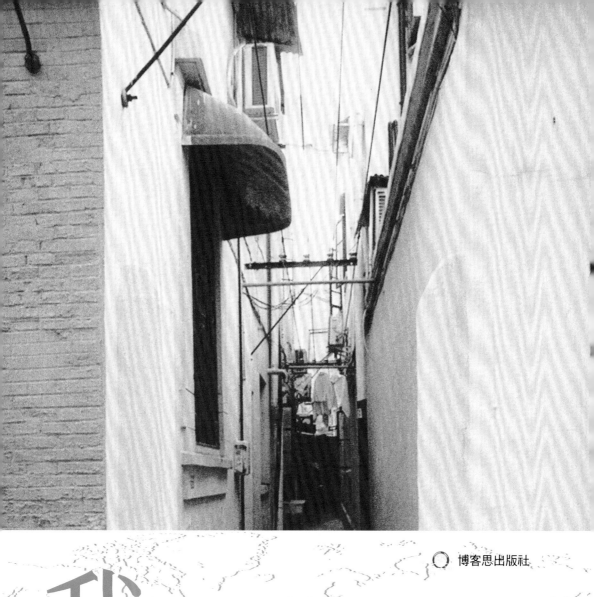

博客思出版社

我走天涯
那些年

邢協豪（行寫好）　著

目錄

我為何而行

中國大陸著名歌手李健有一首歌叫《為你而來》，非常動聽而聞名遐邇。歌中的「你」若換成「周遊世界」，便正是我想說的：讀萬卷書，行萬里路；浪跡天涯，周遊世界；我為此而來，我為你而行！

在過去二十多年的時間裡，我踏出國門，留學西洋；我事業有成之後，便開始行走天下；我悠遊神州大地，也遠走海角天涯；我與天下之人萍水相逢，但始終情歸老家夢繫故鄉。在浪跡天涯的那些年裡，我走過歐美亞非四個大洲，或駐足或遊覽，有艱辛有激昂；邊觀賞邊思量，我探索我成長。我看到了世界之大，也體驗了世態炎涼。

旅行經歷與心理路程的點點滴滴，我彙集起來濃縮之後便成了現在的這本《我走天涯那些年》。它像遊記，又像隨筆；既寫風土，也寫人情；它有景點與歷史，也含偶遇與遐想。它並不針對某個國家或地區，因為本人已經出版了系列遊記《印度南北千里走單騎》《北非花園摩洛哥》《淒美以色列》《不能不去的大國巴西》《心中的俄羅斯》《佛光燦爛照緬甸》等書。本書是別具一格的「遺珠大成」，它匯總了世界各地風土人情和萍水相逢等趣聞軼事，更記載了心靈體驗和世事感悟的點滴評論及隨筆斷想。

從我的懷念與記敘中，希望能呈現出「我為何而行」的初衷，表達出一個旅行愛好者的浪漫情懷。人生的幸福快樂離不開自身的感性領悟，讀書萬卷行萬里，天下風情揣懷裡，就是一條感性追求的探索之路。

夢繫故鄉篇

回頭去看，走過了世界千里萬里，我最愛的仍是回歸故里。看遍了人間千處萬處，我最戀的還是家鄉老屋。上海是我的根，我的故事就從上海開始。

第一章 消失中的上海老家

我老家在上海的虹口區。過去它是個小區窮區，但是文化歷史悠久。霍元甲曾經任教的精武體育會就在虹口，中國電影的發祥地也在虹口。中國近代的文化風雲人物在虹口居住過的，有瞿秋白、魯迅、茅盾等多人。

老家的房子是老上海典型的「石庫門」式。石庫門是一種中西合璧的近現代建築風格，它融合了江南民居和英國排屋的傳統，是「里弄式」住宅的一種。

我家的房子前面兩層，後面三層。前大門雙開式，進門先是個小院，上海人稱「天井」。然後是二十多平方米的前廳房，上海人叫「客堂間」。它的上方是二樓的大房間，上下對應。

後門較小，進去先是（公共）廚房，十來個平方米。走過廚房到樓梯口，又陡又窄又暗，直通二樓。樓梯中間拐角處有個「亭子間」，就在廚房的上方，夠放一張床多一點的空間。亭子間有小窗戶，恰好在後門上方。它上面還有第三層也可以住人，但我家第三層的房頂和窗戶都拆了，當陽臺用，上海人叫「曬臺」。

我家就住二樓大房間，從後門進出。一樓的前廳房與亭子間另有兩家人住。

小時候全家七口人擠在二十多平方米的房間裡，一張大方桌是我們的主要「工作臺」，兄弟姐妹做作業各用一角。記得考大學前那一段時間，我就在房門外去曬臺的樓梯旁，用一個小方凳作桌面複習功課，雖小卻非常專注。那時家裡條件確實很差，但是大家懂得互讓互幫，小房屋裡充滿溫馨真情。

上海弄堂裡的房子不但小，還貼挨得很近。夏夜悶熱開窗，鄰家一聲一響都是活劇的「直播」，想「換台」不看不聽都不行。

剛吃過晚飯「一息息」，對面的「阿寶勒（的）爺」和「阿寶勒娘」就「摩（罵）山門」了，一聲高過一聲，還時有幾記呼磅聲，這是武戲。樓下的小業主老闆娘收音機裡的蘇州評彈開篇登場了，吳吳儂儂，這是文唱。後門外有時隱隱傳來鄰家錢師傅和曹師傅的爭吵，好像還有一位大叔在勸架。一個說：「爺叔」，儂來評評理呦，另一個說：「娘舅」，儂聽俚講好勿啦。上海人君子動口不動手，那是滑稽劇。

上海弄堂裡「滴滴刮刮」的海派風情，魅力獨特，瞎嗲。

小時候我家裡養過兩隻雞，一公一母。因為「從小帶大」，所以和我親得不得了。我放學後經常陪牠們玩，讓牠們站在我手臂上，輕輕撫摸身上的毛，牠們會咕-咕地輕哼，側頭看我。母雞長大後，我也會在身邊陪牠「生產」。生平第一次看著軟軟的蛋殼出來，這才知道雞蛋殼「居然」一開始是半透明的。

那年哥哥姐姐們大學放暑假從北京回來，母親要殺雞做菜改善伙食，我堅決不捨不讓。有一天清晨忽然被雞的叫聲驚醒，我連忙起身，但為時已晚，兩隻雞都不在了，我最終未能「保護」好牠們。我難過得吃不下雞肉，母親千方百計塞給我吃，我堅決一口不碰。哥哥姐姐還為此笑我是天真幼稚的「雞道主義」者。

那時真是個無邪的純真年代。

我小時候腸胃不好，常常晚上肚脹睡不著覺。母親半夜都會感覺得到而驚醒。她會走過來，半跪在我床前，就著我的肚子用手按摩，一下又一下，上百下甚至數百下，直到我感覺變好。我至今忘不了當時的那種情景。我家永遠不缺這樣的母愛。

　　我的小床直對著大窗，大窗佔據了大半面牆。窗外有對面鄰家的一堵小牆，小牆上是一大片天空。我常常愛躺在床上，望著那片遼闊的天空冥想，那時那片天空就是屬於我一個人的小天地。夏日天上的朵朵雲彩，有時在想像中會變成我從書上讀來的那些人物形象，比如古代戰場上，卸甲持戟在馬邊休息的一個個先人名將。天上的雲彩慢慢飄忽移動起來了，我想像中的那些古代豪傑們也好像跨上了戰馬，風起雲湧，波瀾壯闊。

　　也是在這張床上，我讀完了蘇聯的勵志小說《船長與大尉》。書裡探險和奮鬥的故事深深激動著我，我從此記住了那句名言：奮鬥，探求。不達目的，誓不罷休！仰望窗外高遠深邃的天空，我開始有了出國夢，熱盼著有一天，去周遊世界，去奮鬥與探求。

　　還是在這本書裡，我第一次感受了朦朧的少年情懷。青年男女在畢業離別時的初吻描寫，極大地衝撞著我的心。我開始有了美夢，有了我的「童年的阿嬌」。但不是在水邊，也不是在小船上，而是和我在同一棵樹上。那是在閃爍飄紗的夢裡，我們在樹上呆了很久，像是在悠閒摘采，又像是在綿綿細語。夢裡的「阿嬌」文靜少言，溫順甜蜜。那情那景，就像一幅畫像，永遠定格在我的記憶裡。

　　小屋裡的日日夜夜飛快過去，小小少年轉眼長大。十八年後，我終於要去北京上大學，要離開熟悉的老屋了。

　　臨行前我躺在小床上，思緒紛紜。一側頭又看到了牆上那幾個熟悉的字，是我大哥七年前也是離家赴京前夕留下的。鉛筆字跡已經模糊，但仍然依稀可辨。忽然覺得那正是我此時想說的話：我要走啦！

　　從那以後，除了探親和出差，我再也沒有回老家長住過。

2007 年我回上海，親人們都已搬出老屋，那一帶要拆遷已經傳聞多次。我在上海的行程匆匆，但決意要再去看老家一眼。當我下了車一步步走近那弄堂口時，心裡開始激動。眼前的街景熟悉而遙遠，那一刻恍若隔世，仿佛又回到了自己的童年和青少年時代。

　　我慢慢拐進弄堂，一步一步地走。走經「過街樓」時，下意識地感到缺了點什麼。一轉頭，忽然明白是那個「阿巴阿巴」小阿弟不見了。過去的那個弱智殘障大男孩，曾經天天站在過街樓下，對著來往過路的人說著他僅會的幾個字，百年不變：阿巴，阿巴。他貌似凶怪，但從不唐突，更不會對女性驚嚇。他曾經風雨無阻地伴隨過我們，十多年裡成了左右鄰里的地標性人物，但這次他沒有「上崗」，我想他多半是走了。苦命的小阿弟，一個年代結束了。

▲圖 1-1 一步一步走近上海老家的弄堂，街右側的建築尚未拆遷。

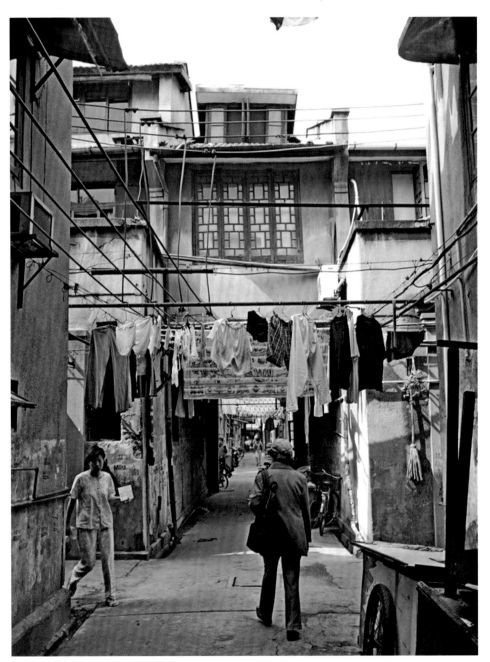

▲圖 1-2 過街樓下是阿巴阿巴小阿弟曾經的「崗位」，前面左拐就到我家。

▲圖 1-3 老家後門到了。多年後再見到，它似乎變小了。

　　往左拐，我家後門就在視線內了。稍遠有兩位老人坐在小板凳上。我一眼看出是 18 號的「蔣大姊」，那是我們隨雙親對她的稱呼。她抬頭，我招手。她站起來了，身旁的那位也站起來扶她。我快步上前，說：蔣大姊，我是 20 號的老三。她說：我知道，我知道。你在美國。

　　想不到蔣大姊的記憶還那麼一清二楚，耳眼依舊「靈光」。一問她竟然九十二了，身旁那個是她請的鐘點工。她說她先生也還在，但已整天臥床不起了。他就是原先房管處的那個王師傅，常年都戴著一付極其深度的近視眼鏡，幾十年不換。過去弄堂裡陰溝下水道一旦堵塞，都去找他的。他比蔣大姊還年長些，居然還健在，真是勞動者長壽，好人長壽。

　　蔣大姊讓我進屋坐坐，我不想打擾，也沒時間了。她站在我身旁，握著我的手，說著：好，好……哎，哎……她是這弄堂唯一的「老人」了，老鄰居們換的換，走的走，沒想到居然還能見到她。

　　我掏鑰匙開家門，那後門似乎變小了。進門很黑，我知道電燈開關在哪裡，摸到了，但燈不亮。我上樓梯，小時候熟練得能一蹦幾個臺階的，現在感覺又窄又陡，一步一嘎吱地響，不安全了。樓裡很靜，我看到曬臺門邊的木架還在，那是過去放雞窩的地方。一陣熟悉的感覺閃過，是呵，我真的回家了。

　　我打開房門再打開窗，眼前的景象完全變了。窗前塞滿了高樓，當年我的小天地不見了。一個人幻想冥思，天馬馳騁的那片天空完全消失了，我感到了落寞。在曬臺上，我又看到了自己的小學母校，它就隔著一條街，很近，又很遙遠。

　　我屋裡屋外地轉悠，拍了一些照。我搜索熟悉的景物，尋找過去的影子。我心緒飄忽，感情複雜，心中的那一片聖土不再，我該離開了，該下來和蔣大姊告別了。她說著再會，握著搖著我的手，說：再來，再來。

▲圖 1-4 窗外是我當年最神聖的一片天空，現在擠滿了高層建築。

◀圖 1-5 後曬臺是我
和兩隻小雞當年一起
長大和「玩耍」的地
方。

▶圖 1-6 後曬臺上看我小
學母校，它就隔著一條
街，很近，又很遙遠。

▼圖 1-7 鄰家蔣大姊眼不花，耳不聾，那年九十二歲。

▲圖 1-8 蔣大姊認出我來了，朝我
招手也很有勁。

我慢慢走向弄堂拐角，我停下來，我再回頭。蔣大姊還在朝這邊望著，我心裡一咯噔，這裡熟悉的一切所剩無幾了，老家的一切都在消失之中，下次來還能見到她嗎？

　　我又想：人們為什麼留戀稱之為故鄉的這一方小地？是什麼在緊緊地牽繫著我們的心？不錯，是因為留戀兒時的那個純真年代。是純真，是親情，是母愛，是憧憬，是過去的美好和珍貴，在永遠牢牢地牽繫著我們。

　　故鄉養育了我們，準備了我們，我們升火待發去遠航。

　　想到終有一天蔣大姊會離開，終有一天我那老屋也會拆除，心頭不免惆悵。我想我能做的，就是要努力記住這消失中的老家，把一切珍藏心中，永遠懷著童心和純真，激情和理想，走向自己的耄耋老年。

　　我會再來！

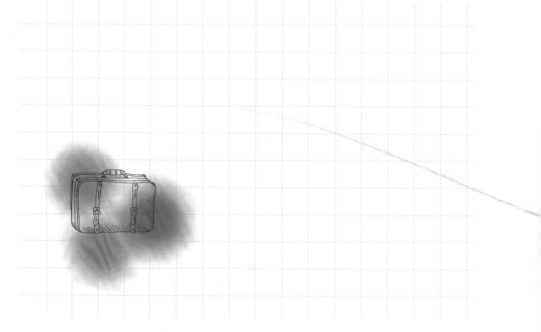

▲圖 1-9 和蔣大姊的合影，此景不知何日再現？

第二章 重回消失中的上海老家

四年之後，我重回上海老家。

家裡人告訴我，老房子還沒有拆，租出去了。若要去看老房子，就只能在外面轉轉了。不過我心裡想的是，最好能見到蔣大姊，她應該九十六了。

結果那次去，我沒有見到蔣大姊。永遠見不到了。

與她同一門號的鄰居告訴我，兩年多以前，就是我在網路寫《消失中的上海老家》的那一年，老倆口先後走了，時間相距不到三個月。

歷史的一頁悄悄翻過，老家正在離我遠去。

我從一個新的出口走出弄堂。鄰街過去熟悉的馬路，現在快認不出來了，不過路名倒沒變。對著熟悉的路牌，我不由得舉起了照相機。

▲圖 2-1 還是那條老街，它通向老家的弄堂。

▲圖 2-2 這條兒時
的「童年小道」直
通我的小學校大
門。當年天天穿行，
現在被堵死了。

▶圖 2-3 老家後門到了，整個房子外部刷了漆，整潔點了。

▶圖 2-4 老家進不了門，只能看看外面。抬頭是亭子間，上面第三層無窗無頂，是曬臺，當年我和兩隻小雞常去的地方。

▶圖 2-5 弄堂新出口相鄰的馬路，面目全非了，只有路牌名沒變。

忽然有人說話，我轉頭。一位中年男子望著我問：儂拍格路牌，有啥名堂伐？意思是為什麼對著馬路牌子拍照？有何講究？我一時不知說什麼好，只搖了搖頭。他看了我一眼，走了。那一刻，我覺得自己很愚蠢。

那一天，我沒有急著回家。我踱步而行。

我想起小時候自己有過兩個夢想，一是開汽車，二是周遊世界。多少年後我才明白，前者要的是掌控方向和命運，追求一往無前的豪邁；後者要的是拓展視野和心胸，追求學無止境的瀟灑。老家小屋孕育了我人生觀的 DNA，我不曾離開過它。

多少年以來，我走過世界千萬里，一生最愛回故里；看遍人間千萬處，最念家鄉那老屋。可是它現在正在逝去。

那天最後，我去了外灘。我走到了上海郵政總局大樓，走

▼圖 2-6 蘇州河畔的上海郵電總局大樓（中）是老上海的一個地標，大陸電影《戰上海》裡有它的鏡頭。左邊低矮的是老河濱大樓，右邊是第一人民醫院，也是大陸著名電影《女籃五號》的拍攝地。多麼熟悉的景象！

▲圖 2-7 蘇州河 - 上海大廈 - 外白渡橋，是除了南京東路外灘之外的老上海另一個招牌景觀。小時候我臨摹畫過和這個一模一樣的畫面，一晃多少年了。

▲圖 2-8 外白渡橋上往左看，紅頂房是過去的蘇聯領事館。

▶圖 2-9 外白渡橋上往右看，以前的外灘公園味道已經不一樣了。

▲圖 2-10 外白渡橋上往前看，蘇州河與黃浦江交匯在不遠處。以前蘇州河髒而黑，匯合處都能看出兩條河的水色不同，現在好了。

到了蘇州河旁；我走過上海大廈，走上了外白渡橋；我停下來，站在橋上扶欄東望。左邊是當年的蘇聯領事館，右手是過去的外灘公園。蘇州河與黃埔江就在前面數十米的地方匯合，浩浩蕩蕩奔向江波渺茫的遠方，這是我當年常來的地方。

我低頭看，橋下的水流滔滔滾滾。在凝視中，自己的身子連同腳下的橋樑似乎也在飄動，就像歷史長河中的那種身不由己……我感覺到了時間奔流帶給人生的一種催促與無奈。

多麼懷念我當年的故鄉老家，多麼願意重回我青春年少的夢幻時光！

▼圖 2-11 外白渡橋上低頭沉思，它是我當年常來凝思冥想的地方。

第三章 尋找老上海

自從重回上海老家之後，我一直懷揣著一種念想。

說起來我當然是個上海人：上海出生，上海長大，直到 18 歲去北京讀書。可是在大學裡，來自五湖四海的同學們卻說我「不像」上海人，還說那是對上海人的最高評價。當時只覺得是好話，沒多想。

後來在北京讀書，在北京工作，在北京娶親，在北京安家，最後從北京出國。長時間聽北京腔，說北京話，「兒化」音多了，「阿拉」腔少了，再後來想說幾句上海話的時侯，發現舌頭竟然「勿靈光勒」。

再想起當年大學同學對我的「不像」之說，自己的身份認同似乎真有了異化。一位高班老鄉多年前對我說過：上海人之於中國，有點像猶太人之於世界。上海了不起，上海人卻是有爭議的一群。我的北京太太也說：上海人太精！說著眉頭和鼻子皺成一團。我說：那你們家先生呢？她說：更精！哈哈。雖然女人說男人的話要反著聽，但在說說笑笑之中，我有了新的想法，開始有了對上海和上海人的重新好奇。

我意識到自己少小離家，對家鄉的瞭解和認識膚淺有限。上海博大精深，人傑地靈，絕非僅限於燈紅酒綠紙醉金迷的表象那麼膚淺。上海小女人的嗲嗔矯情，市井上海人的熱絡誇張，上海窄弄堂的閒逸幽深，夜晚小馬路的曖昧柔腸，種種海派風情的精緻講究和十里洋場的噱頭花樣，都透著陳釀的內涵和細雕的魅力，我們需要誠心和智慧去耐心吮吸，才有可能品其真味。

那年秋我回上海幾天，除了親友和老同學聚會外，我擠出

時間去了幾條名人故居比較集中的馬路，從瞭解歷史古跡開始，作為尋找老上海的第一步。

我選擇了三條主要馬路：虹橋路、淮海中路、南京西路。每到一條馬路，我都從頭來起，步行著從一家一家走過，尋找那些門牌號碼背後的故事。

虹橋路 1430 號

▲圖 3-1 虹橋路 1430 號是原宋子文公館。圖為院內的鄉村型建築。

虹橋路 1430 號是原宋子文公館。宋子文是民國著名的宋氏家族的重要成員，曾任國民政府財政部長等要職。這是一幢建於上世紀 30 年代左右的兩層英國鄉村式別墅，紅瓦白牆，局部貼有泰山面磚，頂坡斜長，整個建築高低錯落，頗有英國鄉村建築原始質樸的田園風味。

虹橋路 1440 號

▲圖 3-2 虹橋路 1440 號曾是虹橋路上最大的花園別墅區。

虹橋路 1440 號當年叫美華新村，其中 5 號別墅 (現申康賓館 8 號樓) 是二戰期間在中國作戰的美國志願航空隊指揮官陳納德將軍和他的夫人陳香梅女士的寓所。它曾是虹橋路上最大的花園別墅區，曾被描繪為都市中「神秘的芳園」。1947 年 12 月 21 日，陳納德將軍與陳香梅的結婚典禮就在這座別墅裡舉行。

虹橋路 1518 號

虹橋路 1518 號是原白崇禧的別墅。白崇禧是原中國國民黨桂系將領，中華民國陸軍一級上將。這是一幢造型別致的三層磚木結構德國式花園住宅，但這次 1518 號在虹橋路上消失了，該位置恰好在馬路中間，變成了巨大的街心花園，馬路兩頭號碼出現空斷。我來回走尋了兩次，最終沒有找到 1518 號。

虹橋路 1704 號

虹橋路 1704 號據資料介紹是一幢三層花園別墅，當年任國民黨空軍軍事顧問的德國將軍住所，但我看到的建築只有兩層。

▲圖 3-3 虹橋路 1704 號曾是國民黨空軍軍事顧問的德國將軍住所。

虹橋路 2260 號

虹橋路 2260 號是孔祥熙故居。孔祥熙是原中華民國南京國民政府行政院長，孔子第 75 代孫。該故居建於 1935 年以後，為東西兩幢二層樓的西方現代派建築，是造型簡潔的獨立式花園洋房。四坡屋面覆蓋紅色機制平瓦，有一雙坡老虎窗。精緻的羅馬柱、雕花的陽臺圍欄和雕花玻璃還是顯出了一絲西洋古典主義風格。

▲圖 3-4 虹橋路 2260 號是孔祥熙故居。

虹橋路 2310 號

　　虹橋路 2310 號是一幢經典的英國鄉村式別墅,曾名羅別根
(Robegan)花園,因為靠近羅別根路,現哈密路,建於 1932 至
1934 年間。它是上世紀二、三十年代上海灘著名房地產商、英
籍猶太人維克多 · 沙遜(Victor Sassoon)自用的花園別墅,是
真正的沙遜花園。

虹橋路 2381 號

　　虹橋路 2381 號是原
沙遜別墅(2409 號)相
鄰的高爾夫總會,後改
建為西郊公園,現為西
郊動物園。

▲圖 3-5 虹橋路 2310 號曾是真正的沙遜
花園。

虹橋路 2409 號

　　虹橋路 2409 號是當年的「伊甸園」，又名沙遜別墅。沙遜是猶太血統的國際知名家族，其商業與財富帝國從伊拉克發跡而擴展至印度、中國、英國及世界各地。這個沙遜別墅與高爾夫球場相鄰，和羅別根是姐妹花園。它其實並非沙遜自用，而是沙遜和他的部下週末度假及夏日避暑之處，主要用於招待客人。上海被共產黨軍隊佔領前夕，陳毅率軍進入市區之前，曾將這裡作為臨時指揮部。

▲圖 3-6 虹橋路 2409 號曾名沙遜別墅。

虹橋路 2419 號

　　虹橋路 2419 號原屬沙遜別墅，後曾為英商《泰晤士報社》所有。上世紀 80 年代原沙遜別墅擴充改建為一所園林別墅式現代賓館，因院內遍栽龍柏，故名龍柏飯店。

▲圖 3-7 虹橋路 2419 號原屬沙遜別墅，現名龍柏飯店。

淮海中路 1517 號

　　淮海中路 1517 號是盛宣懷故居，歐洲古典式風格，建於 1900 年。這是一百年來上海灘保存最好的大花園洋房之一，也是上海灘最富傳奇的豪門巨宅之一。盛宣懷是清末政治家，洋務運動的代表人物，李鴻章的得力幹將。國民政府安徽省主席陳調元、北洋政府總理段祺瑞都曾在此居住過，此房現在是日本國駐上海領事館。這座大花園洋房，高牆蔽日，電網密佈，終年大門緊閉，充滿神秘色彩。

淮海中路 1634 號

　　淮海中路 1634 號是何應欽故居，建於 1930 年。何應欽曾為中華民國陸軍一級上將，中國國民黨的軍政重要人物。這個建築屬於獨立式花園住宅。四坡頂的屋面，紅色的平瓦，白色的粉牆，木結構的窗框。環繞建築的西南側有敞廊，由方柱支撐，柱頭有簡化的古典線腳。室內南北兩部分有錯層，北部底層局部架空，較有特色，屋內裝飾簡潔明快。擔任國民黨重慶行轅主任、行政院國防部長、行政院院長等要職的何應欽，在抗戰勝利後來上海時就居住在這幢樓房裡。

▼圖 3-8 淮海中路 1634 號是何應欽故居，屬於獨立式花園住宅。

淮海中路 1810 號

淮海中路 1810 號是文藝復興時代風格的公寓別墅群建築。

◀圖 3-9 淮海中路 1810
號有文藝復興風格，是
個公寓別墅群。

淮海中路 1897 號

淮海中路 1897 號是杜重遠故居，地中海文藝復興風格，建
於 1923 年。杜重遠是位實業家，當年上海灘的風雲人物，與國
民黨及共產黨都有親密關係，也是西安事變的推手和著名的政
治活動家。該房最早的主人是洋人，1932 年宋子文買下，送給
杜重遠結婚居住。當年宋子文、蔣經國等政府高官，共產黨的
要員密使，常往來其間。

▶圖 3-10 淮海中路 1897
號是杜重遠故居，曾由杜月
笙派人把守。

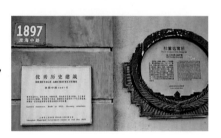

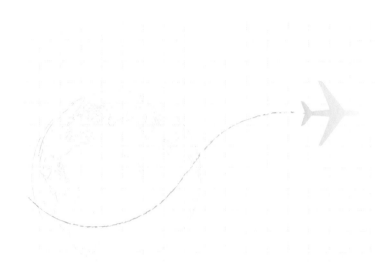

南京西路 722 號

▼圖 3-11 南京西路 722 號曾是猶太人總
會所在。

南京西路 722 號是猶太人總會所在，典型的仿文藝復興式府邸。第二次世界大戰以前，猶太人多以其隸屬國家為國籍，但也有一部分猶太人屬無國籍人。這些無國籍的猶太人要在上海永租土地，便不得不借助於有國籍的英美法等外國掛號商，借用他們的名義，由該掛號商出給權柄單，作為他們取得財產權的憑證。上海猶太人總會便是出於這一原因借助於法商中國建業地產公司代為掛號的。

南京西路 1025 號

南京西路 1025 號現在叫靜安別墅，是上海最大的新式里弄住宅群。區域內除一幢建築屬於一般歷史建築外，其餘均為歷史優秀保護建築。上世紀三、四十年代，諸多名門望族和社會名流曾居住於此。蔡元培曾住靜安別墅 52 號，在此開始了他的

▲圖 3-12 南京西路 1025 號現在叫靜安別墅。

革命工作和教育事業，他曾任中華民國首任教育總長，是近代中國民族學研究的先驅。于右任也曾寓居於靜安別墅，在此研究編輯《兩陋木簡彙編》《標準草書》等著作，他是早年中國同盟會成員、中華民國開國元勳之一。孔祥熙更是於 1942 年購得大部分靜安別墅產業，後委託美商中國營業公司經租。

南京西路 1081 號

▲圖 3-13 南京西路 1081 號是梅龍鎮酒家所在地。

南京西路 1081 號的梅龍鎮酒家，是上海百年老字號，無人不曉的上海餐飲業龍頭大哥。

這次我走過的三條街道、虹橋路、淮海中路、南京西路，都是上海鼎鼎有名的主要馬路。我喜歡親歷實地去看去「聽」，去「體驗」和想像當年那些人生活的環境情景，好像可以因而拉近時空及距離。這是我「尋根」的一步，也是再次認識新老上海的一個開始。一路下來，感慨當年這裡也是臥虎藏龍風雲際會之地，上海不乏恢宏大氣。

魅力四射的上海，我回來啦！

留學西洋篇

　　上個世紀後期在大陸大學畢業後留校任教時，校方給了我一個訪問學者的出國機會，去美國公派公費 J1 簽證進修一至兩年。我要求去讀博士學位被否定，但說若我願意放棄政府的資助，改為 F1 簽證自費攻讀博士，則是允許的。我選擇了後者，踏上了出國留學讀研之路，這是我行走天涯的開始。

第四章 五味雜陳出國門

在中國大陸改革開放剛剛開始的那個年代，放行出國機會難得，我自然非常興奮。但是赴美簽證是一大關口，拒簽率較高，這不能不使我隱隱擔憂。

我一早去北京建國門外美國大使館排隊辦簽證。等到允許進入使館大門後，裡面有個大院，大家領表分別填寫，然後就是等待。人群三三兩兩，絕大多數是年輕人，去讀書的居多。有人踩著牆磚朝大窗戶裡張望，能看見樓內走廊另一邊的面試窗口。我正佩服著他們的勇敢呢，一個洋鬼子衝了出來，訓斥著收走了那幾人的護照，他們的簽證懸了。

因為人多，等待的時候焦急難熬，我便在院裡小溜達。來到稍遠處的一座樓前，四下無人。我夢遊般推門而入，進門就是一寬大的樓梯，直達上層。我正在原地狐疑，上方門開了，閃出一名制服軍人，他低沉吆喝一聲，大概是說：幹什麼的？我忙回了聲：Visa。他用手一指外面，竟閃回門裡去了，我趕緊退回大院。

那一次我被拒簽，沒給任何理由。再次申請須等一周以上。時近九月，美國入學報到期將過，我開始擔心。

第二次去時，我扔棄了一半的希望。年輕的白人面試官用中文問我：有沒有「憑文」？我答：噢，我有文憑（Diploma）。他馬上意識到了自己的口誤，忙說：哦，對，應該是「文憑」。居然就給我簽了。

我意外中不由大喜，快步走出使館騎上自行車，周圍的一切我好像都不在意了，只有自己的心兒在歡唱。長安街也變得格外寬敞，車輪在飛奔，思緒在飛揚，那一刻我是世界上最幸

福的人了。

最後我懷揣 F1 簽證和借來的 100 美元踏出國門，開始了浪跡天涯的學習之旅，第一站便是號稱「博士屯」的「洋插隊」之地波士頓（Boston）。

在北京機場，送行的親友在過街天橋上就被禁步，我獨自下樓走上國際通道。四下幾乎無人，在拐角處我回頭揮手，看見遠處樓上太太眼裡似有淚水閃爍，我心中一陣不捨，真的要走了。

飛機在上海中轉，候機大廳一位工作人員小夥子與我閒聊，他說：這裡中國人、外國人我見多了，你看，老中幹什麼都急吼吼爭先恐後，老外卻多是不緊不慢從容不迫，為什麼會這樣？我笑著點頭，但我又如何知道？我對外部世界不也正充滿著好奇與期待嗎！

飛機抵達美國的入關首站是三藩市 (San Francisco)，我意識到這就是嚮往中的美國了！降落時望著窗外地勤人員來來往往，機場邊公路的車輛接二連三，一種新奇的活力景象，我望著窗外對自己說：美國呵，我來了！

到達目的地波士頓時已是深夜。雖然旅途疲倦，我還是興奮得遲遲不能入睡。地處波士頓近郊，四周的寂靜出乎我意外。凌晨時分終於入睡過去，醒來時天早已大亮了。

我去學校，第一次獨自走在異國他鄉的土地上，新鮮的感覺十分奇妙。我登上有軌電車，實際上是一種地上地下穿梭的輕軌地鐵（Subway），鄰座是一位白頭發美國老人，我忍不住興奮地用蹩腳的英文說：我昨夜剛到這裡！我第一次來美國！白髮老人友好地點點頭，朝我微笑。

當天從學校回住地時，下車後有點迷路。我慢慢地走，低頭查看地圖。冷不防後面衝來三、五個黑小孩，十來歲的樣子，拍了一下我的後腦勺喧囂而過，我嚇了一跳。他們在前方回過頭來朝我嬉笑，我卻窘迫得敢怒而不敢言。

過馬路等綠燈時終於遇到一位老中，她看出我想問路，我們聊了起來，我難得地體會到了他鄉遇故知的欣喜。

大學裡的教授來自世界各地，《自動控制論》那門課程的教授就來自中東，英語的口音比我還重，加上我在國內聽與說英語的訓練也差，聽課便格外費力。有一次教授宣佈期中考試注意事項時，我竟然都沒聽清具體日期，差點錯過。

有一次我在圖書館高高的書架之間找書，突然一陣暈眩雙腿一軟倒了下來，幾秒鐘後我緩過神來，旁邊正有一位年輕人望著我，問：Are you OK? 我點點頭，爬起身來。我告訴了那時還在北京的太太，她說，這是血色素低，營養不佳引起，應該關係不大。後來又有一次，終於由於飲食不良和精神壓力導致十二指腸潰瘍大出血，被送去了急診。

我的 F1 簽證在讀書期間只允許校園內打工，寒暑假才能去校外臨時工作。頭一年沒有獎學金，靠校內打零工養活自己，省吃儉用步履艱難。學校國際學生部的顧問看到我填表每週生活費用區區十幾美元時，十分驚訝不敢相信，可那就是當年的真實寫照。

我邁出國門留學北美的第一步，就這樣開始了。最初的期待與興奮，接連的忐忑與迷茫，困難不斷五味雜陳，每向前進一步都伴隨著艱辛，也充斥著對心智與意志的磨練。

第五章 在美國當暑期工

在美國熬到大學的第一個暑假，我終於可以去校外工作掙錢養活自己了。那是一個印刷電路板組裝公司，做 OEM（Original Equipment Manufacturer）的一、二百人小廠。公司名叫 Helitron，老闆是個麻省理工學院（MIT）的畢業生，名校生自己創業在美國很普遍。

所謂 OEM，翻譯成中文為「原始設備製造商」，其實就是代客加工。比如世人皆知的富士康（Foxconn），就是為蘋果公司做零部件和組裝的 OEM 公司。

Helitron 的員工主要有兩群人。一群是中國人，說廣東話占絕大多數，另一群是波多黎各（Puerto Rico）人。兩群人文化都不高，而且女性居多。工人基本上是流水作業：在電子印刷電路板上用手放置電子元件，接著用電烙鐵焊接，然後打磨拋光板子，最後送去測試。公司的管理與文職人員總共不到十個，如經理、會計、出納、文件管理等等。

廠裡只有一名技術員負責測試，沒有工程師，也無需工程師，因為沒有設計任務。那個唯一的技術員是個土耳其人，名叫 Zafat，就是他面試並錄用了我。

面試很有意思。那是在下班以後，大廳堂就是整個公司所在，四下空無一人。Zafat 先坐著問了我好多問題，對我的電工電子專業以及經歷表示滿意，因為我搞過電腦軟體硬體和固件，與其公司的技術能夠匹配。

面談半小時後，他拿出一塊印刷電路板，連同萬用表、電烙鐵、鑷子、焊錫等等工具。他說，這塊板子有一處電路出了問題，你把這個問題給我找出來。

　　這是典型的電腦硬體技術的 Trouble Shooting，即故障排除。說它難，是因為我沒有電子線路圖，其實即使有，頭緒也很亂，何況板子的功能我並不清楚。說它不難，是因為板上印刷電路本身能給出一些線索。

　　Zafat 說完便坐到一邊從背後觀察我操作，我硬著頭皮上了。

　　我先用觀察法肉眼檢查可疑的短路或開路點，用萬用表確認。然後用他提供的幾個限制性條件，將問題縮小到一定範圍。我試試這個試試那個，來回折騰了將近 20 分鐘，居然給我找出來了，而且找對了。運氣的成分不小，因為這種調試檢錯，並無定規和程式，憑的是經驗而已。Zafat 對我表示滿意。

　　就這樣我有了一份美國暑期工作，雖然只是臨時工。上班後 Zafat 就是我的上司，他也只有我一個助手。

　　日子一天天過去，我發現我幹的活，就是原本屬於他的，即測試每一塊完成的電路板，若發現問題就修好它。我去了以後，他反倒逍遙起來，儼然小老闆的架勢，真是個精明的傢伙。

　　Zafat 在各個方面確實都有小聰明。技術上，他自己「發明」了一種極限破壞修復法，就是判斷電路有輕微短路的地方，他不用常規的手工切割方法，而是用直流電源直接施於兩端，利用小電阻引發大電流去瞬間燒斷那種纖細的短路點。這種做法並不規範，很大膽也很危險，但若掌握得體，成功率高而且省事。我是不會這麼做、也不會想到這麼做的，但是心裡很佩服他的創造性。

　　我那時上班不喝咖啡喜歡喝茶，茶葉自己帶。他看到我拿出小紙包打開來時，開玩笑說：你是要吸毒嗎？！他說，吸毒者就是這樣用小紙包交易的，說著哈哈笑起來，繪聲繪色，十分逼真。我懷疑他是有過經驗的。

Zafat 是個完全的白人，英語帶著口音使我一開始誤以為他來自歐洲。他單身，但是女朋友很多，週末常很忙。他問起我婚姻，還問當初是如何找對象的。我說我們那個年代那個社會這方面比較簡單保守，他便主動吹噓和「教導」起撩妹技巧來，令人腦洞大開目瞪口呆。他說與他分享租屋的男生來了女友過夜，如果他也喜歡，就可以試探去撩一下。他說，你不試就永遠沒有機會。沒想到這個伊斯蘭教信徒也非常「世俗」。

Zafat 知道很多公司的八卦，比如公司的獨眼副老總勾搭波多黎各的一名女工頭，誰跟誰有一腿，云云。我看那位女工頭確實對人熱情，但是沒看出他與她的關係有蛛絲馬跡的異常。但是 Zafat 非常肯定，說就是知道兩人有貓膩。Zafat 確實大膽甚至狂野，英文叫做 Street Smart，就是江湖經驗豐富的意思，這是他的天性。

那年暑假結束我離開公司後再也沒有和他聯繫過。幾年後，公司的史蒂夫告訴我 Zafat 死了，還不到三十歲！怎麼死的？說是車禍，在哈佛大學大操場前的三叉路口，那是個事故多發地段。有人說他闖紅燈，也有說是超速。總之他走了，我為他遺憾和感慨了好一段時間，回想起來總不敢相信。一個聰明的年輕人，可惜了。

在公司將近一半人口的中國雇員面前，我在公司的出現也成了關注的焦點。她們大多是中老年女性，還有部分年輕女孩，男生卻很少。

我測試的電路板子會由她們送來，檢查出的問題板子會送回她們返工。與我單獨聯繫的是她們裡的一位佼佼者，緬甸來的中國姑娘，年輕漂亮。我每次去找她時，那些老大媽們慢慢有了異樣的眼光，這是一位叫海倫（Hellen）的老太太告訴我的。

　　海倫六十多了，負責管理倉庫，單獨一個工作間。我去倉庫常有機會與她小聊。她一生未嫁，住在中國城老年公寓裡。由於性格豪爽，便有了威信。我和太太去過她家，那時太太剛來美國，低價位住宿難找，她還主動問起過。她遺憾的是不能幫我們，因為她的公寓面積雖大，卻是個不分房間的 Studio（一室公寓）。她的心意是真誠的。

　　也正是海倫告訴我，公司裡有一位中國小帥哥竟然是同性戀，其母也在公司上班，為此氣得幾乎母子翻臉。在那個年代，同性戀還屬於勁爆新聞，尤其對傳統的中國人來說。

　　一天下班，我在城裡地鐵站下車，忽然面前出現一位年輕的中國女孩，面對著我，有點眼熟。她向我打招呼，並說她也在 Helitron 上班，我這才覺得有點印象。她微笑著，說想和我一起去晚餐。我隱隱覺得是要約會的意思，便找個藉口婉拒了。公司裡這樣的女孩有一批。中國城裡中下層的女性，談婚論嫁一直是個難題。

　　公司裡那一大幫波多黎各工人與我關係也很好，尤其是一個領班的小工頭，高大的帥哥，質樸誠懇。我們有機會就會聊幾句，十分投緣。他說過的兩句話我至今未忘。他說：男人有三樣東西是別人不能動的：女人、錢、食物。他還說，父親曾告誡過他：永遠不要報怨幹的活太多。

　　三個月的暑期很快過去，我要回學校去了。公司給我舉行了一個簡短的告別儀式，最後遞給我一張寫滿了中英文的送別卡，簽名寫祝福詞的很多人我都沒說過多少話，老中和老「波」那幫工人都有。卡片中間赫然一句醒目的英文短句：Ph.D., Go for it! 那是公司老闆和創建人的最後祝福。

　　多少年前的人與事，好像就發生在昨天一樣！

第六章 我的第一個美國朋友

我的第一個美國朋友,就是在暑假工作的 Helitron 認識的。那是上班的第一天,我正獨自在工作臺前擺弄設備,背後傳來一聲:Ni Lao Ma,聽起像「你佬嗎」,但我知道是「你好嗎」的意思。我轉身,面前是位大個子,一頭銀髮尤其醒目。他伸出手自我介紹說:Hello! I am Steve Griffin,又說了一句 Ni Lao Ma,他總是把「好」發音成「佬」,這就是我的第一個美國朋友史蒂夫。

他接著又賣弄了幾句中文,包括 Ma Ma Hu Hu(馬馬虎虎),逗得我大笑不已,我們很快熟識起來。

史蒂夫是愛爾蘭人,高高大大、滿頭銀髮,性格豪爽而耿直,偶爾急躁又好鬥。看上去四十多,但我從未問過確切年齡。他單身,在公司裡是個文職員工,也在哈佛大學兼做小職員。

史蒂夫知道我在美國是新來的讀研生,便經常和我在一起,儘量關心照顧。在我遠離家鄉最初最困難的那段時期,我的課餘時間很多是與史蒂夫一起度過的。

第一年我太太沒接來美國,住地房東不讓我打中國長途電話,很長時間沒能說上話。史蒂夫知道後,晚上開車來我住處接去他家給北京打電話,還從不讓我付費。

波士頓的昆西市場(Quincy Market)是一個歷史悠久的地標式集市,以從前的市長昆西命名。來自世界各國各地的美食、小工藝品、街頭藝人喜歡在此匯合,19 世紀上半葉起就是美國最大的食品商品、遊藝遊樂綜合市場。史蒂夫週末帶我來此,品嘗那裡有名的蒸海鮮(Steamer Seafood),並攝影留念,那是我當年寄回給國內親友的第一批照片。

▲圖6-1 史蒂夫請我去波士頓著名的昆西市場品嘗蒸海鮮。

　　美國海軍史上最有名的風帆驅逐快艦美國憲法號（USS Constitution）就在波士頓海灣常年停靠。那是一艘美國第二次獨立戰爭中屢建戰功的英雄「老鐵甲」，是美國海軍拼搏和勝利的象徵，也是永不退役的世界上現存最古老的現役軍艦。我第一次知道它並登上戰艦，也是史蒂夫帶我去的。

　　還是在海港那裡，史蒂夫又帶我登上遊覽船在波士頓海灣諸多島嶼之間穿梭遊覽觀光。這些都屬於波士頓最出名、最受歡迎的旅遊節目，來自美國國內和世界各地的遊客每年參加的人次成千上萬、幾十上百萬。

　　波士頓的聖派翠克節（St. Patrick's Day）是愛爾蘭人的傳統節日，紀念的是愛爾蘭的守護神聖派翠克。它是愛爾蘭的國慶

▲圖 6-2 史蒂夫帶我參觀美國憲法號軍艦。

日,也是美國尤其是愛爾蘭人集中地波士頓地區的一個重要節日。那一天史蒂夫將我請到他在東波士頓親哥哥的家中,他的其他眾多兄弟姐妹也都來了,大廳裡放著簡單的水果和小點心,大家熱熱鬧鬧一起在家門口觀看遊行隊伍從大街通過。

　　他曾對我說,美國是一個車輪上的國家,不會開車將寸步難行。我那時還沒有獎學金,他說你不用上駕駛學校,我來教你。他用他的老破車把我拉到劍橋市附近一個大墓地,在縱橫交錯的墓間小道一次又一次地轉圈。史蒂夫耐心時非常慈祥,手把手反複講解。但是當我犯下明顯錯誤而顯出手慌腳亂的時候,他也會爆發吼叫,露出了愛爾蘭人的火爆秉性。當我基本可以獨立行車了,他語重心長地說:你要記住,汽車在你手中好比一種武器,它可以幫人,也可以殺人。這句話我一直印象深刻。我在他帶領下三次去考駕照未過,最後第四次總算通過了。

　　考過了駕照之後，他知道我該擁有一輛車了。他姐姐有一輛舊車龐帝克（Pontiac）多年廢棄不用，那是美國通用汽車公司的老牌車，他就去說服姐姐作為禮物送給我們，花少量錢修好還可以用。後來他姐姐改了主意，但是史蒂夫對我們的誠心誠意由此可見一斑。

　　也是在他談起他姐姐的兩個兒子的時候，我才第一次聽說了美國兒童相當普遍存在的自閉症和憂鬱症。在上個世紀的八、九十年代，中國是很少聽說少年兒童有這種病的。

　　一年後，我終於要把太太接來美國了，史蒂夫得知後與我一樣高興。在計畫接人方案時，他主動提出從北京直飛紐約的方案，不必轉機來波士頓。他說他有朋友在紐約可以過夜，他可以開車帶我去紐約接回我太太，還可以順便在紐約轉一轉。我們知道他是想替我們儘量多省錢。

　　那兩天，史蒂夫帶我在紐約甘迺迪機場接到我太太，先去餐廳飽餐一頓，然後送至布魯克林（Brooklyn）朋友家過夜，二天後駕車返回波士頓。他的姥爺車不負重望，來回四百多英里全程完成任務，是我留學早期一段閃閃發光的難忘記憶。

　　幾年之後，太太再赴紐約參加專業執照年考時，史蒂夫因為也要去那裡幫助朋友粉刷房子，再次主動邀請我們順道同往同住他朋友家。

　　九十年代我們借貸買了第一個房子。由於身份不定前途未卜，我們只買了個小公寓房，而且傢俱欠缺，一時無力配置齊全。史蒂夫便將他家裡父母幾十年傳下來的老式全木椅子送給我們八把全套，我們一直使用了 20 多年。

　　我們問起過史蒂夫的婚姻，他告訴我們有個女朋友叫凱（Kay），也是愛爾蘭人。追了好久了，對方也年近四十，但一

▲圖 6-3 史蒂夫陪我遊覽波士頓著名的基督教科學家教堂
（Church of Christian Scienctist），《基督教科學箴言報》
（Christian Science Monitor）的總部就在它旁邊。

直沒有答應結婚，後來甚至明白告訴他，她另有他人，一個印度人。

我們好奇，史蒂夫乾脆讓我們去「見見」她，去她工作的哈佛廣場一家店鋪裡不動聲色地觀察對方。我和太太去了，那是一家草藥營養補品的商店，那天只有一位女營業員，就是凱。瘦瘦高高，一般得很。後來史蒂夫告訴我們，凱發現印度佬欺騙了她，承認已經結婚而且家眷還在印度。儘管如此，凱還是沒有答應史蒂夫，說她內心依然在愛著那個騙了她的人。

我們分析，這歸根到底與史蒂夫的生活狀況有關：史蒂夫太窮太不會過日子了。

他並無專長，文職工資基本在貧困線左右。他租的房子已有兩代幾十年了，父母就在那個大約一百平方米的第二層房間生活，又傳租給了他，房東照顧有加。他經常拖欠房租，因為入不敷出，但房東從不催他，因為史蒂夫只要有了錢，遲早會

補齊交上。

史蒂夫喜歡喝酒，每天晚上必去波士頓城裡著名的「考不累廣場」（Copley Square）的愛爾蘭酒吧待上一晚，他就是在那裡認識了凱。他其他的愛好，大概就是幫助別人，尤其是外國初來乍到的年輕留學生。我有時打電話找他，他會不接電話。據說就是因為催債人太多。史蒂夫知道中國人省吃儉用，他說過：我們有 50 花 100，你們有 100 只花 50。到頭來還是我們活得瀟灑。

我太太喜歡烹飪，來波士頓後就一起到他家聚餐，也為史蒂夫改善伙食，品嘗中國菜餚，他非常高興，因為畢竟很少有家庭生活那樣的體驗了。

幾年之後，我們在經濟上站住了腳。知道史蒂夫的債務大約好幾萬美元，我和太太算計著，什麼時候能幫他還清了債務。我們在逢年過節給他寄支票，他一開始收了，沒多久就不要了，也開始玩消失。無論打電話還是去公司，包括去他家和哈佛，都沒有一次能找到他了。

太太提醒我，史蒂夫無意中曾說過，外國學生剛來美國特別需要幫助，等到情況好轉了，就「不需要我」了。

史蒂夫對中國留學生情有獨鍾，是因為他在韓戰時期正好在朝鮮。

▲圖 6-4 史蒂夫和他的十多年舊的「姥爺車」。

▲圖 6-5 我坐在史蒂夫的姥爺車裡留念。

▲圖 6-6 史蒂夫帶我學開車的大墓地。

　　史蒂夫身體不太好，但他滿不在乎。雖然談不上酗酒，卻是天天不少，生活也無規律可言。他自己說腎臟不好，不止一次見他眼睛出血。可是他還是他。

　　我們為他的悄然離開感到難過和不解，也為他的寂寞和健康十分擔心。他曾經是我們生活中那麼重要的一位至親般的摯友，但是他終究走開了。

　　記得我曾與同學好友討論過，將來老了，在臨終垂危的最後時刻，我們會想些什麼？是父母親人？是難忘的經歷？那一刻最留戀和最難忘的，會是什麼？

　　這是一個難有確定答案的問題，我斷斷續續地一直沒有完全忘卻這個話題。當我寫到史蒂夫的時候，又突然想起了這個問題。

　　我想說，在我生命的最後一刻，我會盡力去回到我那一輩子忘不了的至親至愛的人身邊，當然有母親和父親，有兄弟和姐妹，有我的髫小同學，有我的多年至交，還有我浪跡天涯萍水相逢的有緣有情的人們，就像史蒂夫這樣平凡高尚而且呵護過我的人。史蒂夫在我心中的地位是至高至上的。

　　當然，我的最後一刻，還離不開深埋心中的音樂之聲，那伴隨了我一輩子的生活激勵之歌，生命永存之歌。

　　在史蒂夫公司上班那段時間，我一個人坐著面對窗外的高樓和雲天時，心中常會輕輕哼唱從小便熟悉的旋律，一首接著一首，思緒也會高昂飄逸起來。那些都是家鄉的歌，都是遠方的情，那種思念之情連自己都會被感動。有一次在給家人的信裡，我列出了在反復哼唱中評選出的「最佳」老歌，就是來自中國雲南的那首「有一個美麗的地方」：

▲圖 6-7 史蒂夫幫我從紐約接回了我太太。

有一個美麗的地方，呵囉 ～～

傣族人民在這裡生長，呵囉 ～～

密密的寨子緊緊相連，

那彎彎的江水，喲 ～～

綠波蕩漾 ～～

....

　　有一個美麗的地方，那就是我的故鄉，也是我遲早要去的地方。我會讓那些心中的旋律，向著那個美麗的地方，與我一同走遠，一同離去..

▲圖 6-8 史蒂夫在麻省理工學院前的查理斯河畔留影，背後就是波士頓市中心。

第七章 我的黎巴嫩女房東

有一次我整理老照片，翻到幾張奇怪的 3×4 小照。照片上沒山沒水，沒景沒人，為什麼居然還一直保留著？仔細一看，不由得一陣激動，那照片拍的是我過去的室友齊兄的房間。來美國初期的舊事一下子勾了出來，我也馬上想起了當年的那個女房東。

那是來美國的早期階段，我在寫畢業論文，太太也已來美，在麻州 128 號公路高科技區一家公司創辦人家裡 Live in，那是一種住在雇主家裡照顧小孩的家庭服務工作。一年後，我們決定搬出去租房子，因為太太也可以找工作了。我按照廣告打電話過去，對面是個有口音的女人，說是 Lebanese，我聽成了 Japanese。她笑著糾正說：是黎巴嫩人，名叫拉芙達。她就是我後來三年多時間裡的女房東。

我和太太去見房東，她們夫婦都是黎巴嫩人，三十不到。那是我第一次和阿拉伯女人接觸談事。初次見面，拉芙達不僅漂亮，而且幾件小事突顯其很有個性。我們四人坐著談租約，男主人正襟危坐，拉芙達穿的卻像是件睡袍，雙襟交叉迭攏，腰間束起，很隨意。我和太太坐一個雙人小沙發，左邊垂直的長沙發拉芙達一人獨佔，她老公搬個凳子坐在她對面。租約裡有聯絡人電話，男主人正要說什麼時，拉芙達打斷他的話：以後有事就找我吧，說著就去拿來名片。她遞給我時，下身在另一端，上身大角度傾向我，動作幅度大而猛，幾乎像要躺倒過來。我朝她轉頭過去時，能看到她睡袍裡面的前胸。我偷眼瞥瞄男主人一眼，那叫一個窘。

房子我們租下了，那是在波士頓南部，一個組合建築中的公寓（Apartment）房。約 1/8 英畝的小方地上，前頭是一個三家

庭大房（Three Deckers），側面有車道（Drive Way），後面還有個
單家庭獨立小房。房主住小房，出租的是前面大房的第三層公
寓套間。套間裡一大二小共三臥室，廚房和廁所公用。我只需
要那個大房間，但必須整層租下，剩下兩個小房間我得負責分
租（Sublet)。

我找了兩個室友，自己當上了二房東。我和女房東單線聯
繫，每個月初我收起各人的租金，把支票放到女房東門邊的信
箱裡。拉芙達說她是會計，卻常常在家。在家的時候，就見她
穿的是睡袍類的服飾。那幾年裡，從未見過她和阿拉伯女人的
頭巾黑袍面紗有什麼關係，那是因為黎巴嫩從來就比較開放西
化。她老公不常露面，好像白天上班晚上讀書，在考什麼執照。

我的兩個室友，一個是後來頗有成就的華人指揮家某
兄。他告訴我：朋友問他這裡新地址時說：該不是在華盛頓街
（Washington Street）一帶吧？他答：正是。對方又問：那該不會
在綠街（Green Street）一帶吧？他答：又正是。對方說：老天爺
OMG！因為這地方當年發生過槍擊案，租金低，符合我「一分
錢掰兩半，躦錢為長遠」的考量，只是晚上太太從此不敢出門
了。

儘管租金低，當年的該老兄還是常有周轉不靈的時候。也
難怪，他應酬多，女友也多。藝術的浪漫與數字的乏味，在他
那雲天霧罩的小腦瓜裡難以並存，住在我那裡，真是委屈他了。
每當房租拖欠發生時，拉芙達偶爾會問兩句，但她好像不十分
在乎，幾次以後她也知道，最終一分錢也不會少她。但要是她
老公知道了，就得費點口舌了。

我的另一個室友就是和照片有關的主角，南京來的讀博生
齊兄。他內向敦厚，不擅言辭。我有一朋友恰好與他同校同系
同專業，說起來齊兄學業不順，和導師關係也緊張，所以他經

常悶悶不樂，低調自閉，直到後來終於出事。在齊兄的事上，也看出女房東的善良，這是後話。

有一個月初的傍晚，我去後面小房交房租。剛走近臺階，屋裡傳來叫吼聲，聽得出是拉芙達的大嗓門，男的聲音倒不大。我猶豫了一下，還是輕輕上了臺階，躡手躡腳走過去，投了支票趕緊走了。我只知道拉芙達爽朗，沒想到還會這麼厲害。

我有輛舊車，在車道上調動不開。女房東讓我停到最後面的草地上去，緊挨著她小屋窗戶。因為離得近，我去發動汽車時，不難想像屋裡能聽得清清楚楚。好幾次她聽到響聲就會出來，又是只穿著睡袍！因為不知是否有事，我通常會搖下車窗玻璃等她。她很快跑過來，手扶車窗說：How are you doing? 或者說：Is everything OK? 然後聊上幾句。那逐漸成為我們的溝通方式和交流之地。

有一次冬雪後的早晨我準備外出，車已經退到馬路邊就要出發，她的車在裡邊也發動了。忽然她招手讓我過去，我走過去。她坐在駕駛位上，車門大開，她說要我幫她擦一擦汽車後窗的雪。我覺得有點奇怪，因為後窗上的雪並不多，但我還是幫她撣掃了。幹完後我走近她，說：汽車有後窗去除雪霧功能，可以自動完成的。我指了指車裡錶盤的那一檔。她看著我，沒吭聲。記得她那次連謝謝也沒有說。

波士頓的房子老舊的多，經常要維修。有一次我們的窗戶邊框裂開了個縫，她過來看了，說用一種噴擠式填補塗料就能修好。走時我在門口目送她下樓，她在樓梯中間處回頭朝我一笑，是那種很甜美的笑，我不由得也回以一笑。

第二天晚飯後她來電話，說填補料買好了，但走不開，要我自己去取。我就去了她的屋子。進門後她讓我坐，我說不了。

她關上門，說：老公出差了，幾天後回來，家裡就她一人。頓了頓，有點突然地拍拍她自己的肚子，說：我懷孕了！我有點驚訝，因為不說是看不出來的。她頓了一下接著說：我不能幫你修那窗框了，因為要爬高。說著，她猛地一下把那罐子往我懷裡一塞，我楞了一下，接過罐子，稍微瞄了一眼用法說明，說：好吧，我試試。就轉身走了。她當時好像沒有動，因為通常她都會送人到門口，然後關上門，而那次是我自己帶上的門。

大約一年左右以後，齊兄出事了。他抱怨房間不安全，說有奇怪的聲響，睡不好。後來又說有人要害他，他讓我去他房間看，告訴我那可怕的威脅來自他床頭上方。我進去看，整個房間亂了套，幾乎所有「家當」都堆集在床頭邊，像是在築防禦工事。他說可能是某種微波能殺人，他能感受得到。

一個週末的早晨，八點多我還在睡懶覺。有人敲門，我去開門，用左手朝裡拉開一點門縫往外瞧，赫然發現樓梯上下站滿了員警，還有幾枝手槍正對著我！也有女警，更有拿長像伙的。我說： What's going on? 怎麼回事？最前頭一位離我不到兩米，說：Raise your hand! 我就把門邊的左手上舉。Another hand, too! 我趕緊把門背後的右手也舉起來並伸出門外。他這才上前，緩緩推開門。員警們一個接一個閃進來，共一、二十個，過道都站不下了。他們簡單轉了一圈後，也沒搜房間，對我說：有人電話報警，說這裡有機槍威脅……哈！我馬上明白了。

員警最後什麼也沒做就走了，因為我一說齊兄的近況他們就清楚了，筆錄備案都多餘。臨走遞給我一把尖菜刀，說是廚房裡「搜」到的。齊兄倒是好像什麼事也沒發生，但事後男房東可不幹了，他執意要齊兄走人。我說不好趕，齊兄每次都按時交租，現在又有病，讓他去哪裡？他說要親自找齊兄談，我也在場，但拉芙達沒來。齊兄沒說什麼，就是不搬。那中東佬

最後有點氣急敗壞，連連猛擊桌面大聲吼叫：You get out！You get out of here！你滾！你滾！我沒想到他竟然也會這麼凶。

後來我見到拉芙達，她都聽說了。她說：真可憐，Poor he！卻沒提要齊兄搬走的事。最後齊兄沒有被逼走，但我想，該勸他去醫院了。他本人不同意，我就和朋友商量，最後又加上另一位齊兄實驗室裡的中國留學生，三人連蒙帶唬地一起哄他上了車，送到了波士頓郊外一家較有名氣的精神病院。他住院期間有個電話從加利福尼亞打來，自稱是齊兄的妹妹，想來東岸，但聽我說了齊兄的病況後，最後居然就沒消息了。

一個多月後我們再去探望時，齊兄情況大有好轉。他主動說起，想出院後回南京休養去，不讀博士了。不久他就真出院回國了，一年之內，還先後來過兩封信，都是報平安和感謝的話。看得出來，他恢復得不錯。

在拉芙達那裡總共大約住了三年多，其間我通過答辯順利畢業，並找到了工作。工作一段時間後，我攢夠錢買了個連排別墅房（Townhouse），要搬家離開了。買房的法定結帳轉交日（Closing）定在月初，我和太太商量，成功過戶拿到鑰匙後再告訴房東，爭取當月就搬走比較好。拉芙達知道後沒說什麼，她老公卻說租約規定應該提前一個月通知的，要扣我們的押金。我們解釋，第一次買房子心中沒底，所以不敢提前退房。男的不依不饒，最後拉芙達說話了，她說：人家還幫你介紹過一樓的房客呢，男的就不堅持了。

搬走那天，我謝謝拉芙達。我還順便說起：你們的一大一小組合式房子不錯，自己住，還可以出租，就近當房東也方便。我遲早會學習你們的這個模式（Business Model），她只是笑。

　　幾年後我在地鐵站上意外地再次遇到過拉芙達，她身邊有
了個小孩，大臉大眼和母親一樣明朗漂亮。我沒有忘記告訴拉
芙達，我也擁有了她那一類的組合房，而且超越了。拉芙達依
然愛笑，卻顯得比以前內斂。這次她是一身規整上衣配西服裙，
顯得端莊成熟。我衷心祝福她和她的孩子。

　　每每想起那些往事，好像就發生在昨天一樣。

　　作為第一代移民，我們的起步並不容易，但是我們卻走得
踏實頑強。我不會忘記曾經同行一段的齊兄和他的撥馬回營；
也不會忘記讓我們走到一起的女房東拉芙達，那個熱情美麗的
阿拉伯女人：她那種敢愛敢恨的率真大氣，她那種從裡透外的
真誠善良。

　　遠方的齊兄，你現在可好？我在寫你，你能否看到？找對
了人生的 Niche，站起來照樣威武，向前走更加堅強。我為你祝
福！

▶ 圖 7-1
齊兄的床
鋪周圍都
是「抵禦
工事」。

◀圖 7-2 齊
兄房間窗戶
緊閉，窗簾
遮嚴，傢俱
都用來「防
禦」了。

　　以上都是齊兄住院後我拍的照片。他的房間窗戶緊閉，窗簾
遮嚴。他的床周圍都是他修築的防禦工事。床邊的壁櫥門也拉開
著，當作抵擋的設施。當時拍下來的動機是複雜的，雖然三位朋
友相信，我們的判斷和決定是為齊兄好，但畢竟是違背他本人意
願而送的精神病院。用照片作個紀念，也是個紀錄和交待吧。

第八章 初闖美國職場

　　上個世紀八、九十年代，美國經歷了一場不大不小的經濟衰退。八十年代初興起的房地產熱開始降溫，失業率也逐年上升並沖過了 10%。那時正在讀博士學位的我，受到了巨大的就業壓力。

　　當時我的論文已經完成，通常應該開始找工作了，因為一旦得到雇主聘用，可以立即將論文潤色完稿，交付審核和安排答辯。取得學位並進入職場的流程一條龍，效率將是最高的。

　　我的研究領域是數位通訊，課題是「集成服務數位網路」，即 ISDN（Integrated Service Digital Networks），也就是將電話、電視、資料、圖像等組合在一起的綜合網路。這是現代綜合性網路服務的先驅，但由於它的「協議定義格式」（Protocols）尚在完善和規範化過程中，當年開始投資並製造樣機的公司為數不多，業界對於市場需求還沒有定論，甚至有一種負面的說法是：ISDN 意味著「I See Dollar Not」（我看不到錢在何處），也就是說，市場支持和賺錢贏利為時尚早。

　　新技術市場的不確定性，加上整體就業市場的不景氣，使得博士生的職場前途尤其堪憂。我在幾個月的時間裡每星期都在《波士頓環球報》上找廣告，一連發出了上百份求職信和個人履歷，得到回復的

不到百分之三，而且都是禮貌性的「收訖」回復而已，從此便不再有下文。

在這樣的嚴酷形勢下，系裡的讀博士生大多數發生了動搖，紛紛改拿個碩士學位便匆匆畢業而去，因為碩士生找個工程師崗位相對容易些。博士學位找工作，大多是公司的研發部（Research & Develpment），在經濟蕭條來臨時，新產品的研究開發不得不關、停、並，崗位就少多了。

我也面臨著同樣的選擇，但我出國留學的初衷，就是要拿博士學位。對於這個學位上的金字塔尖，我一直志在必得，無論西東。系裡也允許我靠當助教（TA）的獎學金「維生」一段時間，但我知道不會是永遠。

終於有一天獵頭公司來了電話，說有一個工作機會，我大喜。但獵頭馬上說，是個臨時工，三個月的合同，我立即又洩了氣。獵頭說，困難時期公司都不願找正式工，有活幹就不錯了。我想想也是，畢竟是好幾個月裡的唯一機會，就答應了去面試。

這是一家數百人的公司，名叫 Summer Four（因創始人有四位而得名）。它生產的數位通訊交換系統，是從傳統語音通訊向數位化集成綜合通訊的第一步產品。面試我的有兩位工程師和一位經理，還有人事部員。第一位麥可最關鍵，他是公司的主工程師，也是該設備的主設計師。他上來開門見山，說要招聘一人做「Call Processing」中新加的一個功能，三個月的工作量。

他接著就站起身走到黑板前，要求我畫一畫這個通訊建立和處理的整個信號流程圖。那是一個通訊發起端從啟動終端、得到允許發送信號、撥發通訊內容、本地交換系統接收、向遠端傳送、遠端接收、遠端呼叫接受、遠方終端開始接受等等，

整個內部的軟體實現時所對應的協定規程狀態圖（State Flow Chart 或者說 State Machine Diagram）。當然，這些都是我後來才知道的。

我當時一下全懵了頭，因為從未接觸過通訊交換系統。我的研究課題也不是通訊協定規程中的全部。我站在黑板前，手裡拿著粉筆，一個字、一條線也沒畫出來。我狼狽地轉身，輕聲承認說：我不會。

實話說出了口，我反而感到了輕鬆。但是我知道我需要這個機會，不能錯過這個機會，最重要的是，我依然自信。因為多年的經驗告訴自己，面對新挑戰時，我總能幹得相當不錯，我有這樣的能力。於是我靜下心來，我對麥可說：

我沒有這方面的經驗，所以我說不出具體的流程。但是我相信可以勝任，因為我有三個有利條件。第一，我的研究課題和通訊有關，有基礎知識；第二，我有設備的硬體與軟體的兩方面實際經驗；第三，我的學習能力非常強，對本公司的具體設備和技術，可以很快「撿」（Pick up）起來、幹起來。我說：你們可以試用我一周，一周內讓我熟悉資料和設備，然後再考查我這方面的必需知識。若那時再通不過，這一周不用付我酬勞，我走人。

麥可聽後不語，又問了我一些背景方面的問題，就將我交給了下一個面試官。

第二位是個該專案的一般工程師，沒問多少技術性的具體問題。第三個面試官是專案經理保羅・尼爾森（Paul Nelson），一個決策性關鍵人物。我們聊得比較久，我主動提到自己被麥可問倒技術問題的尷尬一幕（我不知道麥可是否已和他有過交流），並將自己的三條優勢重複了一遍，最後再次

強調「給我一次機會，我會證明自己」（Give me a chance, I will prove myself）。

這是非常典型的美國式自信加務實的「金句」，悲天憫人和給人機會是美國文化的基因。保羅顯然有所觸動，他坦率地告訴我，為招這個專案的合同工，這已經是第三個了。第一個聽到三個月要完成專案的詳情後，當場就搖頭說幹不了。第二位幹了不到一周也主動退出走了。我是第三位，我表現出的自信是最強的，他最後願意讓我試試。

我就這樣闖入了美國的職場，憑的就是「傻小子睡涼炕，全憑火力壯」那股子勁。雖然只是個臨時工，我希望用表現爭取最後能轉正。

該公司位於波士頓所在麻州北鄰的新罕布夏（New Hampshire）州。這兩個州很多地方大相徑庭甚至截然相反，包括政治傾向、社會風情、企業文化、生活方式等等。大致說來，新罕布夏州節奏和緩、社會安定、民風淳樸、治安良好。我上下班駕車需要一個小時，路程不短，上班也充滿挑戰，但公司裡的人都很專業友好，使我每一天都能感受得到愉悅和激情。

上班後直接帶領我的上司就是麥可，他全名 Mike Cote，大家都叫他「寇蒂」，而不是通常的「寇特」，原因是他來自法國，Cote 的法語發音就是寇蒂。他不到四十，卻是經驗豐富的資深工程師，技術精湛表達清晰，又極其耐心和善。在頭幾天裡除了讓我閱讀設計文檔和技術資料，就是長時間地陪著我，解答任何問題，有時甚至手把手地在設備上做實際操作和示範，讓我很快便進入了角色。

我的老闆保羅也是位慈祥的長者，他問我名字中的「協」（Xie）如何發音，聽了以後說，乾脆就叫 Shay 吧，發音接近，

但比 X 容易。他告訴我，Shay 是個愛爾蘭名字，名或姓都可以，比較普遍。我從此便有了英文名字。

三個月的時間很快過去，我的任務順利完成。除了自己的努力與能力，麥可的幫助是最關鍵的，我永遠忘不了他。

由於表現不錯，公司接著又給了我三個月的合同。我對設備和系統越來越熟，幹得也越發順手。三個月後又續了合同，這次是六個月了。但是，公司卻一直沒有提轉正的事。

一年多以後，美國經濟開始復甦。一天公司宣佈新招聘了一位工程師，是個印度女孩，我心裡更加不是滋味。為什麼不給我轉正呢？我開始盤算尋找外面的機會。

一天保羅興沖沖地來找我，去他辦公室坐下後他遞給了我一封信，打開一看是個 Offer（聘書），終於盼來了！我當時不敢相信自己的眼睛，因為職稱與薪資都超出我的想像。我對美國的這個工業畢竟是第一次接觸，但是他們毫不猶豫地給了我一個相當於高級工程師的 Pricipal Engineer 職稱。後來我才得知，遲遲沒轉正的原因，正是因為高薪資的考慮。

初闖美國職場的成功，讓我學習了很多。我對這第一份工作是非常感恩的。後來更多的機會開始出現，但我堅持幹了好幾年。作為博士生，相對於去大公司搞專題研發，或去大學搞理論教學，我更鍾情於在中小公司裡搞第一線完整產品的開發。這個公司代表了我的美國夢，我一直捨不得離開它，捨不得離開保羅，捨不得離開麥可。

但不曾想到的是，麥可卻在大約兩年後離開了我們，而且是在游泳池內意外溺斃（！）。整個公司受到了極大的震動，不僅因為他的人品和在公司的地位，還因為他本人是個游泳健將和滑雪高手，身體極好。公司為他舉辦了隆重的葬禮，並以

他名義成立了基金會。

　　在公司這幾年裡，我為公司貢獻了一份美國技術專利，代表公司出席過一次 IEEE（電氣和電子工程師協會）的世界年會。公司最終被美國最大（也是世界之最）的網路路由器製造商思科公司（Cisco System Inc.）並購，我的「初闖」之旅也畫上了圓滿的句號。以後的路雖然坎坷仍在，但是擋不住我一路向前，迎向那詩一般的遠方！

神州大地篇

留學歲月和初闖職場轉眼而過，我拿到學位找到工作也買了房，那是開始站穩腳跟的年代。再往前走，我們的生活境遇進一步改善，便到了實現夢想周遊世界的時候了。

世界之大，自然也包括中國神州大地。每次回國探親或公差，我會盡量作順道遊。所以在時間上，中國與海外的遊歷是交錯重疊的。本書並非按時間順序的遊記，所以故事的編排便有了這裡的神州大地篇在先，以及其後的海角天涯篇。

第九章 我遊大理遇三怪

那一年我去中國大陸旅遊勝地雲南的大理，在那裡遭遇了三件怪事。

第一怪　三塔寺走後門，從後往前倒著看

▲圖 9-1 大理的地標三塔寺正面景象。

大理的地標是三塔寺，真名崇聖寺。它是宋代西南一個地方政權「大理國」的皇家寺院。大理國曾經統治遠達雲南、貴州、四川西南，以及緬甸、老撾、越南北部，長達 300 多年，最後亡於蒙古。

那次我去已是深秋，遊人不多。在大門問清票價後，我想

先在外邊拍幾張高塔的全景照，就退到路邊取景。有個中年婦女站在那兒閒散的樣子，見我手拿相機走近，主動說：我替你「捏」一張？我說：好。就謝謝她。

她說：看三塔啊？我說：是。她說：門票多少？我說：150元。她說：這麼貴，去年才 50 呢。我說：是嗎？漲價這麼多！

她說：我有熟人，能帶你進去。我說：哦？不要門票？

她說：我帶你進去，不要門票。我問：有這種好事？她說：進去後你給我 30，你跟我來。我同意，就跟她走了。

她帶我朝寺院右邊圍牆的外面往上拐，那是條寬寬的上坡路。不一會看到一個側門，有人值崗。我問：這兒？她搖頭。

路挺長，又過一個門崗，她還是沒有停下來的意思。我心裡有了問號，但不是害怕。我出門愛經歷怪事看熱鬧。看看她能玩出點啥名堂來，也是好奇。

走了有一里多路，幾乎就是寺院最後面了，有民工在幹活。跨過工地的一道道溝坎，往左再走一小段，在僻靜處她停了下來，說：到了。

◀ 圖 9-2 進後門以後，從後面朝前所拍的三塔寺。

　　我一看，可不！三個塔就在眼前坡下，轉眼已經進來了。我邊掏錢給她，邊想：出門查票怎麼辦？

　　結果一路無事，只是我得倒著從後面往前門參觀。每走一段路，都要停下來回頭觀景、照相，一路走得有點怪。

第二怪　整條船一人租　孤舟自爽遊洱海

　　大理的洱海是個令人驚豔的內湖，湖裡大多是旅遊團的上百人大船，但也有稍小的私家船。我到大理從下車起，就有人向我推銷。有個中年婦女追我不棄不捨，我走她走，我停她停。我進店門，她在外等。我上公車，她也上車。一路跟我到中心街最後到達洱海邊。我對她說：我不一定用你的船，別跟我了。但她就是吃准吃定了我。

　　到海邊後，船不少，卻沒什麼遊客。有一、兩個船老大在等生意。我問了一下，一船可載二三十人，去三個小島，總價150元人民幣。說話間，來了一幫人，十好幾個呼呼啦啦就登船。我想過去問問，身邊那位緊逼盯人的女船主趕緊拉住我，說：他們是包好了的，改收你80吧，一條船全聽你的了。我想，也

▶ 圖 9-3 洱海邊的私家遊船，我一人包的那種，可載二三十人。

難為她跟我一路，就同意了。

　　就這樣，整條船我一人租下了。踏上船後，我裡外前後轉了一圈，偌大一船就我一位，不免有點孤單，感覺有點怪。

◀圖 9-4 從洱海東的天鏡閣西望美麗的大理、蒼山、洱海。

▶圖 9-5 美麗的蒼山、白雲、碧海、藍天，我會永遠記住的地方。

不過一旦船兒開動，劈波斬浪駛入洱海，我站在碧波藍天之間，心情立馬大好。

遠處的蒼山像一道屏障，橫跨南北，英武沉穩；山腰間白雲妙曼，纏綿千里，與蒼山如情人般親密相隨。藍天深邃，高遠神秘，像是俯視和守護著這人間仙境；海水碧藍，波濤激蕩，呼喚著人性本初的善，激勵著人們追尋現實人生之美。

那一刻，我心飛揚，直上九霄天堂。

第三怪　做導遊也當托　金梭島上被人宰

洱海南部有個金梭島，是私家船帶去的最後一個景點。島很小，半小時就可步行一圈。島上的居民靠旅遊吃飯，三道茶、白族舞蹈、龜頭果，是她們的拿手好戲。

當然還有「門票」：一上島，一幫小孩就會圍上來要錢，說是門票，否則不讓你動彈。

白族三道茶「一苦二甜三回味」，馳名中外。它大約起源於與大理國差不多同時的南詔國時期，當時是宮廷茶點，後來才傳入百姓家。當好幾個大媽來到我跟前推銷時，我答應嘗嘗。她們是團隊促銷，輪流服務：選出一位大媽，讓我跟著去她家品嘗。

三道茶完畢，她問我還要不要看白族舞蹈？我說：誰跳？大媽答：我們。我心裡笑了：不了吧。

我在島上轉悠，很少見當地男人。婦女小孩到處擺攤，賣山果。最出名的是龜頭果，說是補腎，我不太信。有一、兩個人在交易，我知道那買者是個導遊。他在挑山果，我上前搭訕，他當著我的面交錢成交。

▶圖 9-6 大理著名的白族三道茶。

▶圖 9-7 表演三道茶的白族大媽。

　　我說：買什麼呢？他說：龜頭果。我說：幹啥用？他說：大補，有名的，你也來點？我說：怎麼吃？他說：熬湯，放在湯裡一起煮，很容易的。想到需要買點禮品，我有點心動。問：貴不貴？他說：不貴，不貴。賣果的從頭到尾沒說什麼。我想著導遊應該比我懂，連他都買了，就零零總總買了 100 多元。

　　離開大理前等長途車時，看到有家掛牌「上海知青」的珠寶小鋪，就進去了。一問店主還真是上海虹口區的，是我老鄉，當年大陸文化大革命期間，知識青年上山下鄉來雲南山區農村插隊落戶後留下了。店裡沒顧客，我倆就聊上了。說到金梭島的龜頭果，他告訴我，所謂的「補」沒有根據。我心裡一涼！可導遊也買了，親眼看著他給錢了呀！？老鄉搖頭。我這才想起，導遊好像沒要回零錢。

　　現在都沒明白到底怎麼回事，只是覺得怪異，至今沒再碰過那東東。

第十章 豔遇之都麗江行

要說中國大陸的豔遇寶地,那一定是雲南的麗江。它的大名來自那裡納西人自古就有的殉情傳統和美麗傳說,還有就是古樸寧靜的雪山小鎮所釀成的、充滿浪漫愛情的歷史與文化土壤。

我一個人去了那個大名鼎鼎的豔遇之都。

大理去麗江的長途汽車終點站就在城邊,我走下車來。眼前人群熙熙攘攘之處,一個巨大的古式水車轉輪赫然聳立,緊鄰的牌樓式屏牆上題寫著蝌蚪蛤蟆體式的「世界文化遺產麗江古城」幾個大字,這就是麗江古鎮的大門了。

▲圖 10-1 麗江古城的大門。

我對著水車輪和古牆屏拍了幾張照,拉起拖杆箱便朝街裡走。忽然有人搭話,是個三十來歲的本地婦女,問我要不要住旅店。我沒有預訂住宿,但目標地是古城中心街一帶,所以我沒有立即答應她,我想先看看。她一直跟著我向前走,不停地說東問西。

到了一個廣場模樣的地方,我估計就是古城中心了,便停下腳步。婦人用手一指前方一條上坡小巷,說:我家旅店就在那裡。這地點倒是符合我的預期,就答應了她,住下了。

家庭旅店是典型的納西族民居，四方的大院有個中央水井，周圍是多間廂房環繞。房間的門框高大敞亮，古色古香，封閉性卻差，幾乎不具隔音功能。

　　我安頓下來稍事休息後，便先去古城溜達。古城已經商業化，滿街飄揚著銷售的磁帶葫蘆絲曲，都是打小就耳熟能詳的旋律：有一個美麗的地方、月光下的鳳尾竹、蝴蝶泉邊……一曲接著一曲地播放，空靈悠揚，不禁勾起往日的懷念，一種舒適而飄逸的美妙感覺。

　　街上人很多，大多悠閒自在的樣子。人來人往之中，赫見一位中年大叔與年輕妹眉勾肩搭背招搖而過。男的貌似醜陋猥瑣，女的滿臉木訥呆鈍。我忽然想起，這大概就是所謂的豔遇之都特色？

　　我在麗江總共逗留了五天，中間外出了一趟。以麗江為立足點，我先後去了周邊的瀘沽湖、玉龍雪山、虎跳峽等地，那些都是國寶級的景點。

　　瀘沽湖在麗江東北 240 多公里，是中國僅有的保留著母系和女氏社會形態的摩梭人集中居住地。摩梭人是納西族的分支，以其「走婚」而聞名於世，尤其為中外遊客喜愛。

　　所謂走婚，就是男子預約女子同意後，半夜爬窗進入女子房間（不得走正門），天亮之前必須離開。期間掛帽子之類的個人物件於門外，以示不得打擾。這種習俗延續至今，但並無大陸婚姻法保護，所以已經幾乎名存實亡了。

　　去瀘沽湖有公車，需走長長的山路，中間還要換坐拼搭的計程車。在換車的小鎮等待時，一名計程車司機得知我來自美國後，讓我在他的小本本上寫下了英文常用語的中文發音。他說，現在外國遊客越來越多了。

　　瀘沽湖確實漂亮，一旦走近便立馬為之驚豔。清澈的湖水
猶如天堂之水、一清見底，據說向下的可見度深達數米。住宿
的摩梭人大統樓也十分氣派，雖不如福建土樓那般宏大，卻也
是幾十個大小房間密密麻麻，頗為壯觀。在瀘沽湖邊倘佯，猶
如世外人間般寧靜安詳。入夜之後，樓下的篝火聚會依然激情
不減，一些大陸內地來的女孩們，一改往日矜持，大顯「女權」
神威，對著當地小夥們百般挑逗撩撥，過足了乾癮，直到夜深
以後很久仍不消停，害得我很長時間不得入睡。

▶圖 10-2 瀘沽湖水
清澈見底。

◀圖 10-3 瀘沽湖摩
梭人文化習俗展覽
館。

離開瀘沽湖那天早晨我在湖邊招手攔下一輛計程車，在那裡來往於麗江的小車非常普遍，我問清了也是回麗江後，便搭伴上了車。裡面後座已有二位女孩，不到三十的樣子。一問竟然也是上海人，老鄉之誼為一路平添無限生趣，我們聊了起來。

　　她們兩人一個高大，一個瘦小，是中學同學，結伴來游雲南。大概也是緣分，後來我們還同游了麗江和虎跳峽，相處愉快。

　　瀘沽湖至麗江的山路可謂九曲十八彎，車輛的顛簸起伏倒腸翻肚導致暈車十分普遍。加上昨夜睡眠不足，我在出發不到30分鐘就接連兩次嘔吐在飛馳中的車外，大個子善解人意，立刻從後座遞來幾張手巾紙，令我好感大增。

　　回到麗江後她倆跟我一起住進了先前那家旅店。晚飯後我們一起去看大研納西古樂會的演出，那是來麗江的必看節目。

　　納西古樂歷史悠久，揚名中外，據說是中國甚至世界最古老的音樂之一，起源於十四世紀左右的宮廷音樂。麗江納西古樂會幾個小時的演出，不但樂曲老，來自宋代皇室貴族；而且樂器老，展現的樂器均有上百年歷史；還有就是演員老，大多是七、八十歲的老藝人。

▲圖 10-4 納西古樂會是麗江遊的一大招牌節目，是來麗江的必看。

▲圖 10-5 納西古樂演出現場，演奏者多已七八十歲，令人稱奇。

第二天我去玉龍雪山，城裡有一趟專車去那裡。上車後發現，滿車的乘客好像都是本地人，沒有外來遊客，我有點納悶。

汽車行駛一段後，女售票員對我說，一會兒就要進入雪山專屬區了，外地來的遊客需要買票，要 120 多元比較貴，但是去那裡幹活的人（也是乘客）是無需買票的。

她接著說，你到時候不用買票，也不要吭聲，一切交給我來辦。過關之後給我 20 元就行了，皆大歡喜的雙贏！我點頭。售票員看到車後座還有一位外來客模樣的，走過去說話卻無法交流，大概是外國人。她讓我過去說，英語一問，是日本人，他也點頭了。

後來在雪山下等待纜車時又遇見了那個日本人，我們便在一起聊一起遊。得知他獨自一人，而且不會一句中國話，辭退了工作，計畫用時一年游遍中國大江南北，著實讓人刮目相看。

汽車行駛約半個小時後便來到了雪山區入口處。車停下後，帶械哨兵與售票員說了幾句，他從車窗朝裡掃視了一眼，我看著他，他也看了我一眼，就放行了。看來這一切早已是常態，中國是個到處都講人情和關係的地方。

玉龍雪山高 4506 米，雖不算很高，卻是地質地形特殊，從

▲圖 10-6 玉龍雪山海拔 4506 米。

未有人成功攀爬登頂過，是一座聖山，後來也禁止攀登了。山腳下有氧氣瓶和棉軍大衣出租，可以防高山缺氧和寒冷，我沒有使用就上去了，但在山上走動還是感到了缺氧的困難，不過放慢腳步就可以了。

在高處四下眺望，山頂常年的積雪使得周圍一片潔白，頭頂的藍天幾乎伸手可及，寂靜祥和，美得窒息，簡直就是一種天堂般的存在。

我坐纜車下山時又遇見了那兩位上海女孩子。從玉龍雪山回來後，我們決定下次不分開了，要同行去虎跳峽。旅店的老闆娘幫我們找來了司機，第二天我們就朝虎跳峽進發了。

虎跳峽是金沙江幹流上的一段峽谷，傳說枯水期有猛虎下山腳踩水中巨石縱身躍過江面，故而得名。它分上、中、下三處，

▲圖 10-7 玉龍雪山山頂是一種天堂般的寂靜世界。

尤以中虎跳峽最為原生態，需從上而下，在崖邊陡峭的山地踩坡而下，才能抵達江邊，沿途險像環生，驚險刺激。我們決定就先去中虎跳峽。

司機帶我們直奔目的地，不到兩小時就到了。那裡的公路旁有小客棧供遊客小憩，我們稍作整裝，便開始了探底下行之旅。導遊說單程就需二個多小時，我們一開始有點不信，因為眼見江面就在不遠的山腳下。但是當我們踩上坡面時，才明白此行不易，因為下山基本沒有現成的路，隨時有踩空的危險，而且必須謹慎曲折地迂迴下去，難度陡增。

我們跌跌撞撞氣喘吁吁行至山腰間時已過了兩個鐘頭。那裡有一個休息點，一戶山上人家提供自留地的新鮮蔬菜，我們就在那裡用餐休息。桌上兩本過客的留言簿，密密麻麻寫滿了世界各地的各種文字，人們都曾經到此一遊。

那天我們從江邊回趕時，已經是大約五個小時之後了。上坡的路越發難走，雙腿都邁不開了。導遊見狀，接過了我們的背包行李。我們大聲喘著氣，時不時還得大聲叫喚出來，方能感覺到一絲的舒展。

▲圖 10-8 與帶領我們上下虎跳峽的導遊合影留念。

▲圖 10-9 上海三人組與山裡人家的女主人在她的小客棧合影。

▲圖 10-10 中虎跳峽到此一遊。

這一趟艱苦之旅，上海三人組早晚相處，在麗江分別之際都有點不捨。互留了通訊地址之後，我們相約有機會下次上海再見。大個子要回上海，小個子回昆明，她在那裡為朋友管理著一家菌類火鍋店。雲南的菇菌類食料十分有名，她邀請我去昆明，我真的去了，也在那家火鍋店再次團聚。近二年後我回上海時，我們又一次見面了。那時大個子已經訂婚，小個子也找了對象，大家都很高興。

　　有人說，旅行的最高境界是豔遇。豔遇者，異性間的好感與吸引也。若真如此，在麗江與上海老鄉的邂逅和友情，互相的好感與愉快的同遊，不失為一段美好的旅途「豔遇」。如此說來，那究竟是豔遇之都的麗江成就了我們，還是我們成就了麗江的傳說？

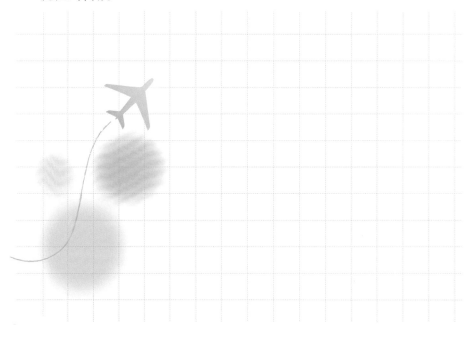

第十一章 驚豔香格里拉

我麗江之後的下一個目標是香格里拉（Shangri-La），它是個令人嚮往的魔幻之地。

「香格里拉」一詞最早是 1933 年著名英國小說中出現的一個虛構的地名，位於藏區群山包圍之中一個世外桃源般的山谷，是西方文化中帶有東方色彩的神秘祥和之地。但是香格里拉究竟在何處，已經很難考證，歷來有雲南中甸和四川稻城亞丁等地的冠名之爭。最後中甸搶先註冊成功，被正式命名為香格里拉縣，我去的正是那裡。

從麗江去中甸的長途車，下午約 4 點發車，預定晚上 11 點抵達。車裡基本滿座，只有我一張外地人面孔。出了古城，一路顛簸，很快就出現路況。那年山間公路不僅狹窄，基本只夠一車單向行駛，而且路面破損坑窪不斷。

更誇張的是，臨崖一邊並無安全路障。遇到對面來車，須得一方儘量右靠，而且幾乎一側車輪懸空般地停在懸崖上，對方車才得以搖搖晃晃擦邊而過。這樣的暫停讓道，一停就是一大長隊，重新啟動也猶如千軍萬馬隆隆而起。我在車裡心驚肉跳，不再敢朝窗外去看，車裡其他的人卻安之如素，毫不在意。

汽車開開停停，猶如牛步。天快黑了，我估摸著行程尚不及四分之一。等到天全黑時，已是晚間八、九點，似乎剛走了一半。

我問司機：什麼時候才能到中甸？他說：早晨兩點。我大吃一驚，大聲說：早上兩點？！叫我哪裡去找旅館住啊？我該怎麼辦啊？

這時車裡的乘客所剩無幾。一位藏民裝束的高個男子說：去我家吧，就在汽車總站不遠。我沒有搭話，只能走一步看一步了。

大約 11 點的時候，忽然汽車停下，還熄了火。司機打開車門，剩餘的幾個乘客全都下了車，我不知怎麼回事。司機也下車了，車裡只剩下我一人。這時車門大開，我仔細一瞧，前面有著長長的車隊，黑黑地停靠著，根本無法動彈。遠處有燈光，像是有住戶。我感到了不安，下車喊司機。司機回頭說，你也來吧。我緊步追了上去。

前方亮燈的是一個山裡人家，一位婦人帶著幾個小娃，沒見到男主人。一家人跟司機他們很熟，看到陌生的我，眼光充滿好奇。婦人為大家做飯，我也跟著來了一碗麵條和一盤炒菜。司機並沒有急著走的意思，飯飽水足後便坐著聊了起來。這是真正山裡人家和行路人的生活，多麼難得的經歷！我拋開了暫時的憂慮，也加入了他們的侃大山閒聊起來。

▼圖11-1 松贊林寺是雲南最大的藏傳佛教寺，號稱小布達拉宮。

　　汽車重新出發已是一個多小時之後了。那天到達中甸長途汽車總站果然是凌晨二點。總站有招待所對外開放，我叫醒了值班小夥，單人間全滿了，我只好全包了一個八人間的大房。

　　第二天起身後，我感到了高原反應，頭疼得厲害，但是一天之後就好了。我共逗留了三天，去了城裡城外的幾處著名景點，包括松贊林寺、納帕海、碧塔海、白水台等，基本上都需要在當地臨時叫計程車，而且最好拼搭成組以節省費用。

　　在去山間白水台的車上，遇上了兩位女孩，二十來歲的樣子，一高一矮。高個子漂亮，矮個子憨厚。在一路同行的開聊中，高個子告訴我，在工作單位遇事不順，與領導和同事鬧了些彆扭，便叫上閨蜜散心來了。她讓我猜是哪裡人，我開玩笑隨口說了一句：藏族人，她竟生氣起來，說：我有那麼黑嗎？其實藏族姑娘並不都黑，而且漂亮的很多。我趕忙道歉並解釋，一旁的矮個子憨憨地也勸她，這才平復下來，還主動說起了她工作上的煩惱來。

　　中甸城區不大，所以那幾天和那兩個女孩還經常遇到，並一起用餐。她們先行離開中甸那天我們互祝一路平安，我還給高個子送上了最後的祝福。我說，我們萍水相逢，你坦誠相見訴說了煩心的私事，感謝你的信任。儘管不清楚你在公司裡究竟發生了什麼，但我的感覺是我們自己都還有值得改進的地方。你同行的閨蜜個性與你大不相同，你們可以互補，就可以省卻不少人間的煩惱。她說，她對一個長者的話，還是願意考慮的。

　　最後一天晚餐時分我在旅館附近溜達，一家火鍋小鋪門口擺著兩三張小矮方桌，沒有顧客。最小的火鍋也很大，我問店主有沒有再小點的，大了我吃不了。那個男子竟然指了指裡面坐著的小女孩，說：吃不了叫她陪你吃。

▲圖 11-2 哈巴雪山山麓的白水台，是碳酸鈣溶於泉水而成的自然景觀，人稱仙人遺田。左邊山腰處有一小牌子，是有人設的攤，為遊客算命，當然是要收費的。

▼圖 11-3 松贊林寺中的藏獒。

　　臨走那天等車時我站在車站外，忽然有人輕拍肩膀。我轉頭，認出竟是來時長途車上的那個高個子藏民。我最終沒去他家麻煩他，可是他卻依然記得我。

　　香格里拉之行，那裡的山，那兒的湖，雄偉的寺，古樸的人，處處展現著原始之美。但是我最難忘，我最驚豔的，卻是汽車

駛近香格里拉的那個萬籟俱寂的山間夜晚。

那是在山裡人家用餐之後，汽車重新上路的最後一段旅程。那時路上車輛變少，汽車開始爬坡，海拔越來越高。我意識到藏區近了，香格里拉近了。

繞過一個山頭之後，眼前的路面忽然開闊平坦起來，遠處的大山高聳，卻又像迎面而來；四周一片空曠，天空一片靜朗，那種寂寞空靈而又深邃高遠的感覺美妙極了，好像正在飛向天堂。

那一刻的感受是驚豔和震撼，好像只有我一個人在面對那恢弘和蒼涼。眼前景觀既威嚴又端莊，是永恆更是安祥。這就是香格里拉！傳說中的神秘之鄉！那一瞬我心已在天國天堂！

幾年之後我去了西藏，並在拉薩（Lhasa）、日喀則（Shigatse）、羊卓雍錯、納木錯等環行數千上萬里，心裡念念不忘、渴望再次邂逅香格里拉夜晚的那驚豔一瞥，卻是再也可遇而不可得了。

香格里拉是獨一無二的！

◀圖 11-4 在香格里拉與當地導遊合影。

第十二章 喀納斯的瑞士風光

喀納斯位於中國大陸的新疆最北端，與俄羅斯僅一山之隔。早在大陸改革開放之初，它的湖作為大陸的國家 AAAAA 級旅遊勝地便已名聲遠揚。成千上萬的遊客慕名而來，成為北疆的著名景點。

大陸著名學者錢偉長曾經說過：喀納斯湖是亞洲唯一能見到瑞士風光的地方。雖然有點誇張，卻也有相當的道理。

那年我坐火車臥鋪四天三夜從北京直奔新疆首府烏魯木齊，並以之為出發點，去了喀納斯湖，還有吐魯番、哈密、石河子、魔鬼城等地。

那時還沒有高鐵，臥鋪裡的旅程是漫長的。同一臥鋪廂裡的上下鋪六位便結成了臨時的命運共同體，我們很快熟識起來。

來自新疆建設兵團的一位大姐優雅睿智，這次是探親回新疆。她很快就識別出了我的「美國身份」，我很驚訝，她是怎麼知道的？她說，你在閒聊應答時的習慣口語「Ya」，明顯不同於中國人的「對」和「是」，加上我流露出對國內情況的生疏，是引起她猜想的主因。

兩位化工行業的工程師是公務出差。我講起一位朋友做化工產品生意竟然年度納稅就過百萬，他們說：是否做的催化劑？我說：正是。他們馬上說：催化劑是利潤最大的熱門生意。

另外兩位女士分別來自浙江與河南，我替她們看手掌算命，用的是現買現賣剛從北京朋友那裡學來的江湖之術。年長些的那位大約四十歲左右時確實身體有疾，居然被我說中了，她們佩服得不得了。

我為她們攝影留念，並記下了各自的地址。回來後我沖洗了照片給寄了過去，那時候我還沒有數位照相機。

相鄰臥鋪的一位大叔也湊過來與我聊，他自我介紹是中國科學院的，太太不愛動，所以一個人出來旅行。他的情況與我雷同，所以我們聊了不少。到烏魯木齊之後我們便

▲圖 12-1 北京去烏魯木齊長途臥鋪車上的旅伴們。

決定一起去住科學院新疆分院招待所，後來又一起隨團去了喀納斯湖。

喀納斯湖是阿爾泰山中的著名淡水湖，月牙外形顯出秀麗和變化之美。喀納斯湖也有湖怪出沒的傳說，使之大名遠揚。但是從未有過湖怪的實際觀測證實過。

旅行團在阿爾泰山腳下駐地的日夜溫差非常大，以致於有軍棉大衣出租用於清晨保暖。但是每到正午時分，天氣就又溫暖起來。

登上遊船是喀納斯湖之行的重頭戲，遊船會駛向幾里地外的湖泊盡頭，然後返航，總共二個多小時，船票好幾百元價格不菲。大家登船坐下，有人來查票。不一會聽見遠處那位大叔在叫嚷，原來他被查到沒買船票。他大聲說錢包忘在旅館，朋友替他買了。問他是哪位朋友？他邊嚷邊用手指遙指著我。船

員過來向我證實，我說我不知道這事，他沒有說過讓我替他買船票，我也沒有替他買。

身旁一位中年婦人問我：你們以前認識？我說：不是，火車上認識的，剛一天。她說：出門不借錢！我心裡想：對！出門就是旅遊來了，怎麼會出旅館不帶錢？大叔這一「出」我有點意外，心裡也有點懷疑，我不知道他究竟是怎麼回事。

在喀納斯旅行團用餐是十人一桌。雲南來的一個醫學小組九缺一，我就加入了進去。她們來自雲南省各大醫院，開完學術會議後一起來喀納斯遊覽。在喀納斯湖坐遊船開始我們就在一起，去湖邊攀登山頂時，我們也在一起。那次攀登雖有臺階路，卻也漫長曲折，來回足足二、三個小時，但是非常值得。

當我們爬上高處俯視山下的湖面和對岸的峻嶺綠坡墨林，那一平如鏡的湖面之上正有一隻小艇駛過，在水面劃出一道浮水印，猶如利劍瞬間劃過人間仙境的平靜，給神仙花園帶來一份活力和生氣。

我入住科學院新疆分院招待所的那兩天，順手給了前臺的小姑娘幾顆美國帶來的巧克力，她看著上面的英文字非常喜歡。我離開結帳那天，小姑娘翻著價格表告訴我：外國護照住宿費比平常價貴出將近一倍，我聽後大為不解，說：不都是一樣的房間和一樣的服務嗎？這種規定太不合理！小姑娘低聲同另一位接待員嘀咕了幾句，最後說：那就按國內的收吧。

新疆留給我的印象，多為大漠乾燥荒涼，只有喀納斯湖一湖獨秀，確有瑞士山水的秀麗靚影，令人難忘。

▲圖 12-2 喀納斯的湖光山色確有瑞士山水那樣的風貌特色。

第十三章 西寧有個了不起的博物館

去青海省會西寧的遊客，多半會去 100 公里外的青海湖。其實除此之外，西寧本身有個了不起的博物館也非常值得一看。

那年我從西安出發坐臥鋪火車去西寧，同一臥鋪廂裡的幾位驢友閒聊起來。一位男士是個工程師，另一位女士是當地人回家。聽說我是外地特意來旅遊的，他們便熱情地介紹起來，例如著名的塔爾寺（Taer Temple）、青海湖，還有東關清真寺、青海博物館等等，這些其實也是我計畫中要去的。

我們正聊得熱乎，忽然對面中鋪有人說話了，是個男聲。他抬起頭看著我說，你來西寧有一個地方必須去。說著他坐了起來，而且乾脆下了鋪。

他說，西寧有一個建成不久、還不太為人所知的博物館，名叫中國藏醫藥文化博物館，是當時的中國大陸最高領導胡錦濤支持建立的，裡面高兩米半、長達數百米的環壁連續長卷繪畫是世上絕無僅有的巨作，一定要去看一看。

▲圖 13-1 中國藏醫藥文化博物館的參與設計者。

這位男士三十多不到四十歲的樣子，介紹起來那個博物館如數家珍。我好奇他何以如此知根知底？他笑著說，我是參加設計的技術人員。他說著拿出紙來，寫下了一個藏族人的名字，旁邊加上了他自己的姓名，遞給我說：這是博物館館長的名字，你去那裡找他，就說是我介紹來的，他會接待你的。

那次我到達西寧以後，除了參觀塔爾寺等著名景點以外，決定去一趟那個博物館。

博物館位於北郊的生物園區經二路 36 號，有公車前往。那天我去得早，大門外有幾人在打掃衛生。走上前時他們告訴我不開門。我便問：你們館長是否叫某某，我說了火車上那位技術人員告訴我的名字，他們說：是。館長在嗎？他們說：在。我就說了來由，請打電話告知館長，我是被某某邀請來參觀的。

▲圖 13-2 中國藏醫藥文化博物館正面。

他們進辦公室撥通電話，一會兒就出來給我開門，讓我進去了。

中國藏醫藥文化博物館建於 2006 年，占地一萬多平米，是世界唯一介紹藏文化和傳統的大型綜合博物館。博物館通過陳列典籍、唐卡（Thangka）、雕塑、動物植物標本、天文曆算工具等多種形式，介紹了作為世界四大傳統醫學之一的藏醫藥學，及其數千年間七個歷史階段的發展傳承，包括了 28 位歷代著名的藏醫藥學家的事蹟及著作。所以雖然博物館冠名「藏醫藥」，

它的實際內容涵蓋了整個藏民歷史與藏文化的精華。

博物館的鎮館之寶當數那幅高近兩米半、長 600 多米的〈中國藏族彩繪大觀〉彩畫。這是一幅全面表達藏族文化對宇宙、歷史、宗

▲圖 13-3 中國藏醫藥文化博物館牌匾。

教、醫學、生活等觀念和認識的藏文化百科全書般的恢弘巨篇。它附有唐卡 700 多幅、堆繡 3000 多種，從策劃到完成歷時 27 年，由四百多位藏、蒙、土、漢族學者、專家、工藝美術師參與，採用純天然顏料，以傳統藏族繪畫技法繪製而成，富麗堂皇，絢麗多彩，具有極高的學術與工藝水準。它擁有世界吉尼斯之最的紀錄證書。

我剛踏進大門時，廳內一片漆黑。正納悶燈光的開關在哪裡時，走著走著忽然廳堂燈光一下子大亮了。我順著路標走進第一廳，同樣的奇跡再次發生：在每個展廳門口似乎都是黑著燈的，一旦走近走進便立馬燈火輝煌，原來是自動聲控的。

整個展館總共有兩層。我走過一個又一個的展廳，藏文化及其歷史的博大精深輝煌燦爛，令我看得眼花繚亂目不暇給。千年世代藏族精英在世界屋脊的高原洪荒之地，潛心鑽研追求宇宙奧秘與真理，十分不可思議、令人驚歎。在大約三個多小時以後我步出展館大樓時，內心充滿著對藏族人民及其文化歷史的無限敬意。

第十四章 歷史文化名城紹興

　　中國江南自古以來人傑地靈，其中的紹興有超過六千五百多年的悠久歷史，更是群星燦爛才俊輩出的名士之鄉。紹興簡稱「越」，古稱「會稽」，現雖只是浙江省大城中排名的第四，卻是聞名天下的歷史文化古城。「東南山水越為首，天下風光數會稽」，紹興的大量文化遺址和璀璨古跡，是對中外遊客的致命誘惑。

　　早在春秋時代，紹興便是吳越的故都，是越王勾踐的臥薪嚐膽之地。後來東漢時期在此建立了驛站驛亭，因為相傳勾踐曾植蘭於此，所以該亭有「蘭亭」之稱。

▲圖 14-1 當代紹興市區高樓林立。

　　東晉時期的書仙王羲之曾居於這一帶，並在蘭亭旁的曲水邊修禊而書《蘭亭集序》，成為天下第一行書。

　　清代康熙大帝亦曾來此手書《蘭亭集序》，後有乾隆帝游蘭亭而寫《蘭亭即事》一詩。祖孫兩代皇帝同書一碑，且位於書碑正反兩面，成就了一段「祖孫碑」佳話。

　　另外還有傳說，中國第一個王朝夏的開國之君大禹葬地，也在紹興城區三公里處，古稱「禹穴」，今稱大禹陵。

　　紹興的文化歷史傳奇延續到了八百多年前的宋朝時，橫空出世了一段感人肺腑的愛情絕唱，那就是陸游唐琬的淒美故事。

　　陸游是位壯懷激烈文武雙全的愛國名將，兼為南宋詩人之

▲圖 14-2 王羲之的草書「鵝池」。
傳說他剛寫完「鵝」字恰有聖旨到
而離去接旨，「池」字乃其子王獻
之順手提筆補寫而成。

▲圖 14-3 留名千古的蘭亭，書聖王羲之使之成
了書法聖地。

▲圖 14-4 紹興沈園，正名沈氏園。

冠的才子，而唐琬則自幼靈秀靜謐，同樣才氣橫溢，二人堪稱天設地造的千古絕配。但是他們的愛情和婚姻一波三折得而復失，最終被活活拆散，令人扼腕！

多年後陸游在沈園與唐琬意外邂逅，萬箭穿心之下在沈園牆上留下墨蹟《釵頭鳳》，一年後唐琬見到牆上的陸游詩作悲痛欲絕，和了一首《釵頭鳳》後，不久便辭世而去，成為永留人間的千古一歎！淒哉美哉，壯哉悲哉！而這肝腸俱裂的沈園遺址也在紹興。

就在沈園不到一里地之外，是又一位文化巨匠魯迅的故居。魯迅是近代中國的著名作家、蜚聲世界文壇的新文化運動領袖。他的故居已成紹興一大名片，連同先生名著中提及的三味書屋、鹹亨酒店、百草園等等都在那裡。

魯迅故居和沈園都位於紹興市區東南，離市中心的人民路和中興路交叉口一帶不遠。蘭亭則在市區西南 13 公里之處，魯迅故里正門外就有公車前往，交通十分便利。那天我還順道看了民主革命先烈秋瑾女士紀念碑，及其就義的古軒亭口，它在市中心北面約二里地的光景。

雖然紹興市區早已高樓林立，人群熙熙，現代化氣息濃厚，但是江南水鄉古鎮的遺風神韻有相當的保存。在一個二、三線城市中能做到這一點，實屬相當的不易。

▲圖 14-5 沈園內陸游唐琬含悲而題《釵頭鳳》的園牆遺跡。

▲圖 14-6 魯迅故里一條街的正門。

▲圖 14-7 魯迅故里一條街上的咸豐酒店。

▲圖 14-8 近代女權運動家和反清志
士秋瑾就義地古軒亭口。

▲圖 14-9 江南水鄉老鎮的古韻遺風。

第十五章 西藏的神山聖湖古寺

神秘的西藏是世界屋脊的一片淨土，是離神和天堂最近的地方。去到那一片天高地闊浩瀚深遠的神山聖湖之間，擁抱心靈的超脫與洗禮，是多少人一輩子的期盼和嚮往。

西藏也是藏民「四大神山」和「三大聖湖」的故鄉。其中神山的說法並不統一，因為也有「八大神山」之說。但有一點肯定的是，世界之最的喜馬拉雅山並不在其首位，是不是有點意外？

西藏的三大聖湖是：瑪旁雍措湖（Lake Manasarovar）、納木措湖（Namtso Lake）、羊卓雍措湖（Yamdrok Lake）。

如果說神山和聖湖是大地母親的天然恩賜，那麼西藏的千年古寺則是佛教引入西藏後的人造神跡。它集中反映了藏民的信仰魅力和聰明才智。

藏傳佛教始於松贊干布（Songtsan Gambo）年代。他在西元七世紀統一西藏並建立了強大的吐蕃王朝（Tubo Dynasty）後，迎娶了尼泊爾和大唐的公主，「陪嫁」而來的佛教也從此引入西藏，松贊干布很快也皈依了佛教，寺廟開始在各地興建。

從時間上來說，最早的一批寺廟建於七世紀，它們是：大昭寺（Jokhang Temple）、小昭寺（Ramoche Temple）、布達拉宮（Potala Palace），都在拉薩一帶。15 世紀時，又建起了「拉薩三大寺」，即：甘丹寺（Ganden Monastery）、哲蚌寺（Drepung Monastery）、色拉寺（Sera Monastery）。此外還有位於日喀則的紮什倫布寺（Tashi Lhunpo Monastery）。

從意義上來說，大、小昭寺都是松贊干布為迎娶尼泊爾公主及文成公主而建，布達拉宮也與兩位公主的到來有關係。而

拉薩三大寺則是一千年後藏傳佛教迎來又一個高峰期的時候興建的。

我 2015 年去西藏，遊覽的重點就是：神山、聖湖、古寺。由於大陸政策規定外籍人士必須跟隨導遊並有景點限制，其中非常令人期待的日喀則境內珠穆朗瑪峰（Mount Everest）大本營，最後也因藏南大地震而臨時封閉未能成行，使得日喀則之行大打折扣。

最終的安排，是在九天之內去了「四大神山」的乃欽康桑（Noijin Kangsang）峰，三大聖湖中的羊卓雍措湖和納木措湖，以及布達拉宮、大小昭寺、紮什倫布寺，還有拉薩三大寺中的哲蚌寺和色拉寺。此外就是海拔四千米以上的江孜（Gyangzê）卡若拉冰川（Karola Glacier），這些都稱得上是西藏的精華景點。

大昭寺建於吐蕃王朝鼎盛時期的七世紀，為的是供奉尼泊爾公主帶來的釋迦牟尼（Sakyamuni）八歲等身塑像。它現在實際上供的是文成公主帶來的十二歲釋迦牟尼等身塑像。

▼圖 15-1 四大神山之一乃欽康桑峰，主峰七千多米。

大昭寺最早所在地是個湖泊。松贊干布填湖造寺，後代不斷擴建，成為西藏現存最輝煌的吐蕃建築，也是最古老的土木結構建築，開創了藏式寺廟佈局的規式，融合著藏、唐、尼泊爾、印度的建築風格，是藏式宗教建築的千古典範。

大昭寺在拉薩和藏

▼圖 15-2 三大聖湖之一羊卓雍措湖，藏語意為碧玉湖或天鵝池，「措」是藏語「湖」的意思。

▲圖 15-3 羊卓雍措湖畔招攬遊客拍照的藏獒。

▲圖 15-4 三大聖湖之一納木措湖，藏語意為天湖。

▲圖 15-5 納木措湖畔的犛牛，也是當地藏民在旅遊景點的搖錢樹。

人中地位崇高，甚至有「先有大昭寺，後有拉薩城」之說。它是世界文化遺產。

小昭寺也幾乎建於同時期，是為文成公主而建。它現在供奉的卻是先嫁入西藏的尼泊爾公主所帶的釋迦牟尼八歲等身塑像。

拉薩最雄偉建築非布達拉宮莫屬。它橫空出世巍然屹立，是藏族人民和文化歷史的象徵。這座宮堡式的建築群由吐蕃王朝的松贊干布大帝統一西藏後所建，他將之命名為布達拉宮，是因為他視觀音菩薩為自己的本尊佛，而佛經中菩薩的住地就稱為「布達拉」。

布達拉宮七世紀初建時就有房間上千，後經朗達瑪（Glang Dar Ma）百年滅佛運動被破壞，直到十七世紀五世達賴（Dalai）重建並入住宮內，是為「白宮」。他去世後，為安放靈塔而繼續擴建，形成「紅宮」。該工程歷時 48 年之久，內地清朝和國外尼泊爾也派

▲圖 15-6 大昭寺外表其貌不揚，卻是現存最輝煌的吐蕃時期建築。

匠師參加，施工者人數多達近八千。

拉薩三大寺中的甘丹寺是格魯派（Gelugpa）的祖寺，是黃教六大寺廟中最特殊的，它在拉薩市區東北約五十多公里處。

▲圖 15-7 大昭寺內外永遠都是虔誠的信徒在膜拜。

▶圖 15-8 小昭寺在一條小街道內，最早也是為文成公主而建。

哲蚌寺也是黃教六大寺廟之一，由黃教創始人宗喀巴（Tsongkhapa）及弟子所建，在格魯派中地位最高。1949 年前曾是中國藏傳佛教最大的寺廟，它在拉薩西面僅十公里。

色拉寺建成較晚，建成後宗喀巴即去世。它是活佛講經說法的地方，而最為獨一無二的，是其黃教喇嘛的「辯經」活動，即喇嘛（Lama）一對一、或多對一地互相發問和答辯，探討藏教佛學的方方面面，嚴謹激烈，場面壯觀，是非常難得的一大人文景觀，深受朝聖者的膜拜和參觀者的喜愛。

在拉薩三大寺之外，日喀則還有一個紮什倫布寺，一起並稱格魯派四大寺。它是四世之後歷代班禪（Panchen）喇嘛「住錫」之地，即長期住留處。

除了格魯派的三大寺、四大寺之外，其實還有「格魯派六大寺」的說法，就是再加上青海的塔爾寺和甘肅的拉蔔楞寺（Labrang Monastery）。

格魯派又稱黃教，因其黃色僧帽而得名，它在藏傳佛教四大派中創立最晚，卻是影響力最大的。

一路下來，遊覽觀賞學習神山聖湖古寺，對於藏傳佛教在冰天雪地廣人稀的青藏高原得以發展，最終以其卷帙浩瀚、淵博深奧而著稱於世，令人印象深刻，驚歎不已。

▲圖 15-9 布達拉宮的標準正面像，莊嚴雄偉氣勢磅礴。

藏傳佛教是世界宗教中絕無僅有的一支奇葩。它雖然有來自印度的佛教密教思想的傳播，其誕生和完善卻離不開西藏本土苯教（Bon）等民間宗教的基礎。藏語是唯一能夠還原梵語（Sanskrit）的文字，也是唯一完整記錄釋迦牟尼以降佛教教義、佛教哲學、佛教科學的語言，這一切不能不令人刮目相看。

　　藏傳佛教與其他佛教相比，有極大的神秘性。這不僅因為其淵博深奧，還因為其「顯密」並重、先顯後密、顯密雙修的特點。也就是說，它的教義一部分是密部經典，是為「密宗」，號稱「藏密」，其傳教是秘密進行的，屬於密教。

　　藏傳佛教在藏人心中的地位極其崇高，具體表現在日常生活中，信徒們的「轉經」已經成為必不可少的生活內容。在西藏到處可見轉經的人們，因為轉經等同於念經，是懺悔祈禱、修積功德、消災避難的最好方式。

　　轉經的講究很多，在拉薩大昭寺就有三條路線：寺內佛像繞一圈為「囊廓」，寺外繞牆一圈為「八廓」，以大昭寺為中心含布達拉宮、小昭寺等一大圈為「林廓」。大昭寺外面緊鄰的著名大街八廓街也因此而得名。

　　轉經還可以圍繞神山聖湖而轉，也可與轉經筒結合，並且隨時隨地都可以，形式非常靈活。我在西藏公路行進途中就見過一群群轉山的信徒。在離開拉薩的飛機航班上，也見過手持小經筒的藏人。

　　在我周遊世界的行程中，不止一次地聽到當地人問起我的信仰並告訴我說：不管信仰什麼，沒有信仰的人和國家才是可怕的，因為沒有了敬畏之心，就為胡作非為打開了大門。

在冰山高原上世代相傳的藏族人民，有著這世界上最質樸和最虔誠的宗教信仰。

▲圖 15-10 參觀布達拉宮從正面進入，沿著白宮前的臺階向上進發，感覺十分震撼。

◀圖 15-11 色
拉寺大門。

▶ 圖 15-12
色拉寺裡的
喇嘛辯經場
面生動有趣。

▼圖 15-14 八廓街上的轉經人。

▲圖 15-13 大昭寺外的著名大街八廓街。

◀ 圖 15-15
結隊轉山的
藏人。

▲圖 15-16 在飛機上仍繼
續不斷轉經筒的藏人。

▲圖 15-17 西藏公路上偶遇坦克部隊路過。

海角天涯篇

　　21 世紀伊始，我的目光轉向了國外。不但走出了神州中國，而且走出了第二故鄉美國。我從西洋的歐洲開始，緊接著是東洋的日本，然後是巴爾幹、地中海、俄羅斯、中東、南亞、北非、南美，等等。在十多年裡的四個大洲之游，林林總總椿椿件件，彙集成了這裡的海角天涯篇。

第十六章 瑞士觀光列車

瑞士的美麗世界聞名，是旅遊愛好者心中的山水美景聖地。其湖光山色首推阿爾卑斯（Alps）山和日內瓦（Geneva）湖，廣袤勻稱又精緻美豔，尤勝法國和希臘一籌。

阿爾卑斯山橫空出世英武挺拔，日內瓦湖則溫柔婉約恬靜幽深。這一山一水猶如帥哥和美女，款款情深兩廂偎依，引人無限暇思心曠神怡。

就在這青山綠水之間，行走著一條名叫「黃金通行」（Golden Pass）的觀光列車專線，這趟專列非常值得一行。它西起日內瓦湖，東至蘇黎士（Zurich），沿阿爾卑斯山脈蜿蜒，橫貫瑞士，行程相當長，沿途美景目不暇接，而且涵蓋了幾乎所有瑞士的主要城市和景點。

列車車廂專為觀光而設計，窗戶比一般的大近四倍，但仍小於中國大陸四川著名景點九寨溝那種幾近「開頂」的汽車車廂。

▲圖 16-1 觀光列車沿途景象，名副其實的田園美如畫。

列車分東、西兩段。西段始於日內瓦湖東岸的蒙特勒（Montreux），至瑞士中部的施皮茨（Speiz）。東段從施皮茨繼續東行直至蘇黎士。

　　列車與大都市日內瓦有一湖之隔：日內瓦湖的西岸是日內瓦，東岸就是蒙特勒。它們隔湖相望，有水陸兩途相聯接。本地火車沿日內瓦湖邊走，輪渡從日內瓦湖中穿。所以乘坐這條觀光列車去日內瓦也很方便。

▲圖 16-2 觀光列車駛過瑞士中部勝地雷霆海湖。

▲圖 16-3 觀光列車駛過瑞士中部勝地布裡恩澤海湖。

　　列車的東段途經歐洲著名勝地因特拉肯（Interlaken）鎮。Interlaken 是「湖之間」的意思，它也確實位於兩個湖泊之間：雷霆海（ThunerSea）湖和布裡恩澤海（BrienzerSea）湖，並因此而得名。阿爾卑斯山最著名的少女峰（Jungfrau）就在她附近 20 公里的地方。

　　我去瑞士用的是 21 天的歐洲鐵路通票（Euro Pass），頭等車廂無限制（First Class Unlimited）。它適用於西歐絕大部分城市的火車，而東歐則只包括匈亞利。它只對瑞士和歐洲境外的遊客出售，不含歐洲的居民。

▲圖 16-4 日內瓦湖。

▲圖 16-6 日內瓦地標
景點萬丈噴泉。

▲圖 16-5 日內瓦湖東岸的城鎮蒙特勒。

第十七章 巴黎夜總會紅磨坊

巴黎是世界的「豔」都。豔麗之都，豔遇之都，豔舞之都。

巴黎的夜總會世界第一，最著名的當然就是「紅磨坊」（Moulin Rouge），它有近 120 年歷史，2001 年的奧斯卡獲獎電影《紅磨坊》講的就是它。那是個歌舞片，導演是國際知名的澳大利亞人巴茲・魯赫曼（Baz Luhrmann）。

紅磨坊位於巴黎北部的克裡希大道（De Clichy）82 號，離著名的聖心大教堂（Sacre Coeur）不遠。它很好辨認：外面有個紅色大風車 (磨坊嘛)。

我和太太先去聖心大教堂，中午時分走幾步就走到了克裡希大道。那條街是夜總會的天下，但白天並不熱鬧，也看不出什麼名堂。

紅磨坊售票處的小姐漂亮優雅，她告訴我們當晚有票，最便宜的 125 歐元一位。太座心疼了，用中文對我說：太貴了。小姐似乎對這樣的場面見得多了，微笑著，並不急於推銷。後來我們才知道，紅磨坊的表演一天兩場，場場滿座，不愁沒人看，去晚就沒票了。

我們晚上七點那場包含晚餐，早早的就有長隊等待入場。開始進場時，先經過存包處，沒想到還需單獨付錢，然後再有人引進場內。

表演場子不大，設備也顯得老舊。半圓形的舞臺配半圓形的觀眾席，幾百人的規模。每人有座有桌，以便用餐。最低檔的位子在半圓形外圈，長條小餐桌朝外呈幅射狀，四人一桌，兩兩對坐。看舞臺表演時要左右側身扭頭才能面向舞臺，頗為彆扭。

◀圖 17-1 聖心大教堂是我去紅磨坊的
出發點，幾分鐘步行之遙。

▲圖 17-2 紅磨坊裡外都不大，名氣卻很大。

▶圖 17-3 演出紀念品
是一個小包，裡面還有
一個小禮盒。

晚餐大約半小時後就開始，邊吃邊看演出。食品量小，上得也慢，前後總共是一塊魚，一小瓶酒，一塊甜食，中間還有點別的什麼，麵包不限量。

演出八點開始。先來點「開胃小碟」式的表演，小樂隊，小組唱之類。然後是「正宗法式大餐」，什麼康康舞，四對舞，俺也分不清楚，但是場面的豪華熱鬧還是感受到了。商標型羽毛服飾和水晶玻璃，豔麗多姿，光彩奪目。據說名家如法蘭克・辛納屈 (Frank Sinatra) 都曾相繼參加過紅磨坊的演出。

這裡的演出不要指望有什麼故事和劇情，因為豔舞的重點自然是俊男美女。那真是一個個萬裡挑一的大美女，看得教人心動。最大的賣點是兩點全露（！），實在是絕無僅有。臺上一排排，一對對「葡萄萄」歡動雀躍，叫人目瞪口呆。不過很快就容易審美疲勞了，太「赤裸裸」，缺乏柔情蜜意和想像空間。就像劉姥姥進大觀園，俺是來開眼界的，並不真懂欣賞。

中場有一次休息，而且上廁所又要再交一次錢，實在與高票價不匹配。唉，「高盧雄雞」窮酸，真快成「鐵」的了。

晚上十點多演出結束步出大廳，門外居然 People Mountain People Sea，擁擠得人聲沸騰，因為下一個夜場又將要開始了。街上大小車輛轉頭調度亂成一團，散場了。

走出劇場大廳之前，我去廳內的商品櫃檯憑票索取紀念品。櫃檯前擠滿了等待下一場的紳士淑女們。我用英語說了幾聲：Excuse me, excuse me! 卻是無人動彈讓我上前。一位老傢伙竟然帶著口音說：You are not excused! 極不友好。我無奈，只得使了點勁擠了過去。兩種語言、兩個民族的互不對眼，何以殃及外人至此？

這就是世界上最具傳奇色彩、最享盛譽的夜總會！

第十八章　盧森堡大公府哨崗

　　盧森堡（Luxembourg）全稱盧森堡大公國（Grand Dutchy），最高元首是大公，所以大公府（Grand Ducal Palace）也就相當於總統府。在歐洲大陸它是碩果僅存的兩個大公國之一，另一個是安道爾大公國（Principality of Andorra）。

◀圖 18-1 盧森堡大公府及不停走正步的崗哨（樹叢前白色槍托）。

　　盧森堡是個小國，去歐洲它周邊的其他國家時作順道遊，一天應該夠了。

　　大公府就在市中心，離火車站一、二里地，走走逛逛就到。大公府與周圍的建築沒有特別之處，很不起眼。附近沒什麼人，門前有一個衛士站崗。站崗的方式很獨特：衛士不停地來回走正步，幾乎一刻不息，每次單程走的距離大約 20 米。我在那兒呆了五分鐘之多，就是對那個崗哨好奇。那個衛士來回正步走了五分鐘，旁若無人。每一輪只有一個小停頓，每一步都走得一絲不苟，真是做到了大陸過去那個時代流行的話：人前人後一個樣，領導在與不在一個樣。

　　大公府裡面其實還包括了盧森堡的國會眾議院。整個建築在 20 世紀 90 年代完全修復過。每年的七月和八月大公會和他的家人外出休假，大公府就會對外開放六周，並有一個小時各種語言的導遊服務。

　　大公府對面是市中心廣場，廣場中央聳立著威廉二世（William II：1792 － 1849）的銅像。威廉二世是荷蘭國王和盧森堡大公，不是一戰期間的那個德王威廉二世（1859 － 1941）。

　　朝前再走一小段路，就是盧森堡峽谷的邊沿。峽谷上有座阿道夫橋（Adolphe Bridge），這是 1890 年到 1905 年統治盧森堡的大公的名字。橋建於 20 世紀初，已有百年歷史，但這裡的人們仍喜歡稱之為「新橋」。因為在南面還有一座建於 19 世紀中期的「老橋」，又稱盧森堡高架橋（Passerelle）。

　　阿道夫大橋現在已成為一種非官方的國家象徵，含有盧森堡獨立的含意，是盧森堡市的主要旅遊景點之一。這座橋由法國人和盧森堡的人聯合設計，美國費城有一座叫 Walnut Lane Bridge 的橋甚至借鑒過它的設計。

◀圖 18-2 盧森堡市中心廣場。廣場中央聳立著威廉二世的銅像。

▶圖 18-3 盧森堡峽谷邊緣的阿道夫橋。

其實盧森堡是歐洲最富有的國家之一，它地貌齊全，風光也美。但若要真正體驗它的美麗富饒和風土人情，就要走另一種遊法了。

▲圖 19-1 昔日的皇宮是匈牙利和布達佩斯的地標和象徵。

第十九章 這裡的人們靜悄悄

在東歐各國中，匈牙利的鐵路與西歐接軌最早。那年我從維也納（Vienna）坐火車去布達佩斯（Budapest）時，它是東歐唯一可用歐洲鐵路通票的國家。

維也納去布達佩斯車程大約三小時。火車離開奧地利（Austria）進入匈牙利境內不久，車外景象立刻變得人煙稀少起來。車外荒涼，車內也空蕩，車廂幾乎沒人。

布達佩斯的凱萊蒂（Keleti）火車站在市區東邊，規模不算大，設施簡陋，甚至小於上海的老北站。我們抵達後在車站裡行走，很多人默默注視著我們，面無表情。諾大一個公共場所，靜悄悄的。

車站大廳昏暗而空蕩，只看到一個小亭子在一邊，亭週邊圍了不少人。我走過去，周圍人都主動閃開一條路讓我上前。我用英文詢問進城地鐵站在哪裡？亭裡的工作人員嘰哩哇啦一

通「匈語」，我一句沒懂。

周圍人靜靜地看著我，耐心地等著。我比手勢，畫符號，但沒用，最後只好放棄，轉身走開。這時才發現那亭子前排著一個長隊，我插隊「加塞」了。

車站旁有家中餐館，我們去隨便吃了點東西，也想順便問問路，但是老闆是中國人竟然也不愛說話，跟當地老「匈」一樣少言寡語。

我和太太有點寸步難行，不知所措了。太太說，現在還早，我們乘下一班火車回維也納吧，反正是火車通票。我搖頭。既然來了，就一定要看一看這個國家和城市。

我們重新走回車站，漫無目的地慢慢來回踱步，期待好運降臨。

忽然遠處有人在招手！是位中年婦女，我們忙走過去，她也從人群中迎面而來，一張口就是英語：Do you need help? 真是如雷灌頂、雲開霧散，我知道我們「得救」了。

這是一位英語教師，在等待接她的家人，她回答了我們所有的問題。按照指點，我們順利地找到了地鐵站。與她告別時，她已經陪伴了我們近二十分鐘，但願沒有耽誤她的事情。

去旅館時已是下午。多瑙河畔，靜靜的布達佩斯街頭，幾乎沒有行人。不遠處條椅上有一年輕美麗的姑娘在低頭讀書，神情專注優雅，簡直就是一幅多瑙河邊「美女午讀」圖。我趨前，出示了旅館的地址向她問路。她緩緩抬頭，微微一笑。那四眼對視的甜美瞬間，足以刻骨銘心讓人難忘。

布達佩斯不大，靜靜的多瑙河南北流過，市區就在河東。昔日的皇宮臨河朝西座落，現在是國會大廈。它是匈牙利和布

▲圖 19-2 昔日的皇宮現在是匈牙利國會大廈。

▲圖 19-3 著名的鏈橋和橋頭的獅子雕像。

▲圖 19-4 城堡山上古堡博物館雕像群的銅綠明顯可見。

▲圖 19-5 市區街景。身後池邊一老婦 90 度彎腰乞討，我給了點硬幣。

達佩斯的象徵，千百次地出現在各種攝影作品中。

多瑙河西岸偏南的城堡山（Castle Hill）是另一個主要景點。山上有博物館、教堂、城堡等多個建築。它居高臨下，和舊皇宮「斜」相呼應，是觀賞和拍攝多瑙河及舊皇宮的最佳點。

山下橫跨多瑙河的是著名的鏈橋（Chain Bridge），其橋頭石雕獅像尤為傳神。當年安放到鏈橋兩端後，被發現獅子口中沒有舌頭，雕刻家還因此而羞愧難當跳河自盡。其實獅子口中有舌頭，只是不易看見而已。

大概是經費不足吧，城裡城外各處的古跡顯得年久失修，令人惋惜，包括著名的古堡上的雕塑。藝術上不輸義大利，卻顯不出其輝煌。

布達佩斯的英雄廣場（Hero Square）和聖斯蒂芬大教堂（St. Stephen's Basilica）也都相距不遠。整個布達佩斯人少車少，顯得冷清。兩天的時間裡，我們走過跳蚤市場（Flea Market），去過教堂。人聚集的地方也照樣沒有喧嘩，到處是靜靜的。

這就是培育過偉大詩人裴多菲（Sandor Petofi）的布達佩斯，這就是五十多年前震動過世界的布達佩斯。

布達佩斯的今天卻很平靜，就象那多瑙河邊淡括優雅的美女。

轉眼多少年過去了。你一切可好？

幹大事的人兒不喧嘩，這裡的人們靜悄悄。

第二十章 布魯塞爾有兩個小孩尿尿銅像

比利時（Belgium）首都布魯塞爾（Brussels）著名的小男孩于連（Julien ）銅像，又稱撒尿小童像，是個有四百年歷史的著名觀光景點。它名聲很大，銅像卻很小，僅約半米高，而且是複製品。原始正品陳列在布魯塞爾城市博物館內。

很多人並不知道布魯塞爾其實還有第二個尿尿小孩銅像，而且就在不遠處，還是個女孩子。對它的宣傳不多，或許是背景故事乏善可陳，也可能是男女有別，女孩不雅吧。

那天我們看完那個男童于連尿尿銅像後，站在那裡聊著下一站怎麼走。忽然有一位本地人模樣的男子上前用英文對我們說：這裡還有一個小童尿尿的銅像，而且是個女孩。我們聽著很意外，當時一下子沒有反應過來。

他似乎看出了我們的懷疑和猶豫，用手指著身後方的街道說：就從那裡的小街進去，穿過一、兩家餐館，再向前左轉就到，不遠。說完他盯著我們點點頭，似乎是表示他所言不虛，信不信由你，走了。

我判斷他沒有說謊。既然所在不遠，就決定去試試運氣。我們沿著他說的方向走，先右拐，經過一、兩家沿街小酒吧餐館，再左拐，沿途所見果然與他所言絲毫不差。

幾個街區之後，在一條沒有人跡的僻靜小巷內，一個很不起眼的牆上開挖出的門洞裡，果然看到了「她」，那個尿尿的小女孩。

小女孩蹲著尿尿的樣子，顯然與男孩不同，而且整體雕塑要大不少。更重要的是，雕像被金屬柵門攔住並上了鎖。

▲圖 20-1 著名的布魯塞爾尿尿小男孩銅像。

▲圖 20-2 布魯塞爾的第二個小孩尿尿銅像,而且是個女孩銅像。

據說這是當地一位餐廳老闆所為,目的是要男女平等:既然有男孩銅像,就也該有女孩銅像。該銅像建成於 20 世紀八十年代,名為 Jeanneke Pis,對應男孩的 Manneken Pis。

批評者認為這只是那位老闆的商業廣告伎倆。但是無論如何,現在原創者的餐廳早已不再了。有趣的是,女孩銅像所在的那個小巷,現在確實成了一個布魯塞爾最受歡迎酒吧之一的所在地,就是我們經過的那個小餐館。

在當地,你不問女孩尿尿銅像的事,通常是不會有人主動告訴你的。

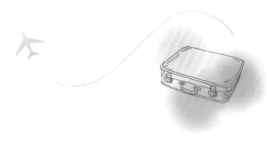

第二十一章 義大利名湖科莫湖

外國人愛去義大利看羅馬、威尼斯、米蘭、佛羅倫斯。義大利人愛去的卻是科莫（Como）湖。

科莫湖是義大利名湖，也是歐洲的旅遊度假勝地，連義大利的北鄰、擁有名湖日內瓦湖的瑞士人也愛去科莫湖。

科莫湖在米蘭以北不到 30 英哩，靠近義大利北部邊境，與瑞士境內另一個名湖盧加諾（Lugano）湖遙相呼應。有趣的是，(天涼時) 瑞士人南下科莫，(天熱了) 義大利人也愛順道北上盧加諾。這正應了那句話：不在的地方總是好的。

科莫湖出名很早。歷史上的著名浪漫詩人拜倫（Lord Byron）和雪萊（Percy Bysshe Shelley）曾驚豔於它的湖光山色，

▲圖 21-1 歐洲名湖：義大利的科莫湖。

▲圖 21-2 科莫湖周邊優美的建築為它平增人文氣息。

留下過千古名句。

我去科莫湖原是計畫中的「備胎」：經米蘭有時間便順道一看。另一個目的就是「避貴就廉」改去科莫住宿，因為米蘭太貴。那是五月份，沒想到旅遊季節未到，科莫湖畔的旅館也已收到一百歐元一宿了。

從米蘭去科莫湖有火車。下了火車，走幾步，翻過一個坡。突然眼前一亮，哇！科莫湖就在眼前，美得讓人窒息。要不是囊中羞澀，絕對會流連忘返，多住幾宿，要樂不思歸了。

第二十二章 日本箱根泡溫泉

我去日本，用的是 14 天的日本火車通票 JR Pass。它類似於歐洲的 Euro Pass，只對國境以外的外國遊客出售，全部是頭等車廂待遇，在選定的日期內無限制使用。

我們在日本實際逗留超過了 14 天，因為火車通票的起始日，從第一次使用開始算，所以我們頭三天在東京沒有用它。

我們從東京出發，由東向西，偶爾也向南向北，走過了鎌倉（Kamakura）、箱根（Hakone）、日光（Nikko）、東京（Tokyo）、名古屋（Nagoya）、大阪（Osaka）、奈良（Nara）、神戶（Kobe）、京都（Kyoto）、廣島（Hiroshima）等地。

在這一場走馬觀花式的日本初體驗中，印象最深的，還數箱根的泡溫泉之旅。

年輕時看過一個日本電影，名字很好記，就叫《箱根風雲錄》。它算不上著名，卻早在 50 年代就由當時大陸排名第一的東北電影製片廠譯製出品了。情節內容早已模糊，但是黑白影片所造成的那種歷史滄桑感，連同箱根二字，卻從此印刻在了我腦海裡。多少年了，算得上是一種小小的箱根情結吧。

箱根位於東京西南不到九十公里。40 萬年前它是個火山口，現在早已是翠峰環繞、溪水潺潺，並有火山湖泊蘆湖（Lake Ashi）靜臥山谷之間，碧波粼粼，清澈湛藍，一片難得的湖光山色。晴天之下，湖面還會倒映出七十公里以西的富士山倩影，由於富士山形狀酷似倒懸的白扇，所以這樣的景觀便有了「白扇倒懸東海天」的美譽。

箱根環境的優美，使之早在十七世紀初的江戶（Edo）德川（Tokugawa）時代，就成了日本最負盛名的溫泉之鄉和療養勝地。

▲圖 22-1 新幹線從富士山身旁駛過。

大大小小的天然溫泉散佈在箱根地區的山澗溪谷，那一帶除了
大小賓館和療養設施融為一體接待客人，很多山間民居也有家
庭式的溫泉住宿對外開放。

　　箱根除了溫泉，還有一個著名的觀光景點，叫大湧谷
（Ōwakudani）。它是一個火山口遺跡，形成於箱根火山活動的
末期。由於那裡的溫泉是有毒的，不能泡，所以又稱「大地獄」。

　　大湧谷在四周一片綠樹環繞之中唯有它山岩裸露，地熱噴
薄，蒸汽騰騰，景觀獨特。外加它位處箱根群山之中，又居富
士山東南一隅，是遠眺富士山和箱根群山美景的極佳地點。

　　大湧谷有一個特產名叫黑雞蛋，又叫「黑玉子」，用那裡
的特殊溫泉蒸煮，蛋黃比一般的都鮮美，據說吃一枚可延壽七
年，哈哈。

　　箱根區還有一個小湧谷 (Kowakudani)，就在登山鐵道車站附

近。儘管人們習慣上將大、小湧谷一起稱呼，它的名聲及觀賞價值實際上遠遜於大湧谷。

我和太太去箱根除了泡溫泉，另一個目標就是大湧谷。

箱根溫泉區的交通主要靠登山電車，有些路段還有電纜車和空中吊車。它們沿著山澗坡道緩緩升降，途中溪谷逶迤，綠茵蔥蔥，十分漂亮。

我們事先沒有預訂溫泉旅館，所以下車後先在火車站附近的山腰和山路兩旁尋找家庭旅舍。但因為不是旅遊旺季，山間路上幾乎不見人影。我們叫開了幾家住戶，主人都不再接待遊客了。

我們最後找了一家大旅館，那裡進進出出的大轎車，帶載的都是附近城鎮村落專程來洗溫泉的中老年人。旅館裡的人告訴我們，很多人天天來，可見居民對溫泉的熱衷和喜愛。

我們登記入住後，便出門去大湧谷。走過旅館廣場一位年輕的停車引導員時，我點頭招呼，隨口一聲問路。可惜他說不清楚，指手畫腳半天，我們也沒聽明白，只好謝謝他，走開了。

大約走了好幾百米，都拐過山腰了，忽聽有人喊叫。我們好奇回頭，一個快奔而來之人，竟然是那個旅館引導員！我們停下，回身迎上去。他氣喘吁吁，手裡晃著一張紙。原來他特意找了張小地圖為我們送來了！好一個認真負責熱心助人的年輕人，我們瞬間肅然起敬。

那天當我們走近大湧谷時，遠遠就聞到撲鼻的硫磺臭味。走進景點區，只見裸露的山岩縫間地熱蒸汽翻滾噴薄、到處霧氣騰騰，四周的景象猶如一個採礦區，起起伏伏的小山崗，到處架設的人行木支架，有幾個拉有電線的小建築，都籠罩在飄

飄揚揚的霧氣和蒸汽之中。

一個溫泉邊上有個小木屋，前面聚集著不少遊客。近前一看，聞名遐邇的黑雞蛋就在這裡出售！五個黑雞蛋一包，五百日元，不算貴，我和太太也上前要了一包。此時恰有三、兩個黑烏鴉呱噪著在

▲圖 22-2 熱浪霧氣環繞之中的大湧谷。

近旁煙霧中飛掠而過，我問太太，難不成這是黑烏鴉下的黑蛋？太太一陣哈哈大笑。

在大湧谷的熱浪霧氣環繞之中登高遠眺，四周群山一片蔥綠，連綿起伏，令人感歎地球的熱力依舊、生命不息。

我們在那個溫泉大旅館住了三天兩夜。只要有時間，我們就去泡溫泉，一天至少兩次。

我們換上浴裝和拖鞋坐電梯下到最底層，那裡的過道一下子變得安靜又隱密起來。走到盡頭拐彎，就是更衣大廳。它很大，人卻不多。中間有很多排長條凳，四周是存放衣物的小箱櫃。我脫下浴裝基本變成「浪裡白條」之後，帶上自己隨身的小浴巾，就去溫泉區了。

溫泉區是又一個大廳，分成兩個區域。一個是室內溫泉大池，是大眾混合的公共區，像個游泳池，但有熱氣向上飄騰；另一個是沿牆有簡易隔斷的個人沖洗小間。由於溫泉大池不是

澡盆，不能在池中洗澡，所以在入池之前要求先行沖洗身體，這當然靠自覺，周圍並沒有監督管理人員。個人沖洗小隔間的水龍頭位置不高，因為有板凳般的小座位供你坐著操作，十分方便。

由於是天然的溫泉，池中水是流動的，而且不可調溫。我下到溫泉大池的第一感覺，是溫度好高。後來慢慢習慣了，效果就出來了，身體感覺極其舒暢。

溫泉大廳的外庭院，有幾個露天溫泉小池，分散在庭院裡的假山假石之間，環境相當雅致。我也去那裡「陶醉」了一番，時間不知不覺就過去了。

大酒店的溫泉沒有時間限制，一天 24 小時開放。自始至終，只在旅館底層進入溫泉區的走廊裡，見到過一位服務員，坐在簡易的櫃檯後面。此外沒有見過任何其他工作人員。

箱根泡溫泉之所以意義獨特，是有理由的。

日本的活火山和大地震的數量之多，在全世界都名列前茅。日本人在對抗自然災難中，也學會了極大地利用活躍火山及地殼運動帶來的地熱資源，這就導致了溫泉和溫泉旅館的全面開花。現在全國已有多達 2 千多處，擁有了世界的溫泉王國美稱，泡溫泉也已成日本人生活中必不可少的一部分。

而箱根溫泉，正是溫泉王國裡的一顆耀眼的明珠。

第二十三章 在伊斯坦布爾洗土耳其浴

歷史上的伊斯坦布爾（Istanbul）稱君士坦丁堡（Constantinpolis），是古羅馬東部王朝拜占庭（Byzantium）帝國的首都，統治曾經遠達巴勒斯坦和耶路撒冷。現在土耳其首都已移至安卡拉（Ankara），但伊斯坦布爾國際大都市的氣度和風采依舊。加之物價便宜，而此臨的希臘當年新改歐元，通膨百分之二百，很多國際遊客更是改道而來。

伊斯坦布爾橫跨歐亞，氣勢雄偉。博斯普魯斯海峽（Bosporus Straits）波瀾壯闊，從南而北切過市區，聯起黑海（Black Sea）和瑪律馬拉海（Sea of Marmara），直逼愛琴海（Aegean Sea）。

土耳其人質樸熱情（談生意除外），到處有陌生人朝你微笑招手。遺憾的是，第一句問話通常是：Japanese? 我搖頭。Korean? 我再搖頭，苦笑。從未有過人先問：Chinese? 自從中國大陸改革開放之後，尤其是近年來，這種情況已有改觀。

去土耳其和伊斯坦布爾不能不考慮土耳其浴（Turkish Bath），這是一種古老的公共洗浴方式，以蒸汽浴為基礎，結合冷水浴和熱水浴，已有好幾百年的歷史。它源於古羅馬時期，而土耳其人攻佔東羅馬的君士坦丁堡後，繼承了古羅馬、東羅馬帝國的洗浴習慣，並逐步改變、形成了獨具特色的土耳其浴。

我在伊斯坦布爾住下的當天，請旅店主人推薦「正宗」的土耳其浴室。店主推薦了一家建於 1584 年名叫 Cemberlitas Hamami 的老字號，就在東西向的主街道 Divan Yolu 上，離藍色清真寺不遠。我說走就走。

那家浴室位於大街街角，醒目易找。進門後售票處有三個檔次的服務可選：最基本的自浴（Bath Self），中間擋的含身體

磨砂（Body Scrub），最貴的則包含前兩者另加按摩（Bath, Body Scrub, Traditional Turkish Soap Massage)。要想體驗真正的土耳其浴，當然應該選最高檔。

最高檔的先上二樓，有私人的換衣和存衣小房間。每位客人手臂上有服務號，標明著服務種類和順序。每道程式都會有人來招呼你。

洗浴的第一步是有專人引入蒸汽大廳，那是個石質大圓廳，上方是典型清真寺般的高穹頂，下面是巨形大理石圓臺，圓石台中間微凸，又稱肚皮石。平臺下面有蒸汽加熱，人們赤身裸體橫七豎八躺臥其上，身上塗抹橄欖油之類的油膏，舒筋活血的蒸汽浴就此開始。

大約半小時左右，會有人前來帶你進入一個小房間，開始下一道服務。年輕力壯的按摩師作全身磨砂，結合著按摩，這是土耳其浴的精華。按摩師從上到下，不放過身體的任何一部分，為你抹油膏、用砂搓、推拿揉捏，用力而不傷皮膚，還邊做邊聊，使你放鬆，全身感到一陣通透的爽快。

這就是磨砂和按摩，大約也有 30 多分鐘，是最重要的一道服務。那位友好強壯的按摩師問知我是中國人時，竟然興致勃勃聊起了中國功夫和太極。

最後一道是淋浴再加按摩，有熱水和冷水相結合。使用冷水是古羅馬時期的公共洗浴就開始的傳統，也是土耳其浴與其他桑拿等蒸氣浴不同的地方，它更注重水浴的過程，而且據說能夠更好地洗滌皮膚上的污垢。

當冷水澆淋而下的時候，我不禁全身一哆嗦，並不很適應。東方人的體質是否能同時經受先熱後涼的水浴，而不至於感冒，我十分懷疑。幸好這個冷熱水交替的洗浴過程並不很長。

▲圖 23-1 伊斯坦布爾最著名的藍色清真寺。

▲圖 23-2 從大皇宮俯視博斯普魯斯海峽。

　　前後三道程序總計約兩個小時。我的二樓更衣小屋沒有洗完之後躺下進一步放鬆、休閒飲茶小酌之類的餘興節目。據說更加現代化的一部分浴室，已經有了多種浴後服務。但我這個真正的老字號，並沒有絲毫偏離傳統的意思。

◀ 圖 23-3 加拉塔大橋（Galata Bridge）上的釣魚客。它是博斯普魯斯海峽主要入口處的金角河（Golden Horn）主要大橋之一。

　　從二樓更衣小間換裝完畢走到樓梯口下行時，那裡有小費收集小箱，這是服務員收入的一部分。

　　整個過程人體的徹底放鬆讓我極其舒坦陶醉，有種脫胎換骨的感覺。不過稍微令人遺憾的是，當我著裝完畢步出浴室走上大街之後，那種爽之又爽的感覺不久便開始消退。也許是最後一步冷水浴造成的後果？或許是因為我馬上就開始了步行的轉悠，未能靜靜地躺下休息使之維持得更久？那種通體舒暢的感覺沒有伴隨得更久一些的這個事實，出乎我意料之外。

▲圖 23-4 旅館店主的口頭禪是：錢不是一切（Money is not everything）。

▲圖 24-1 夕陽西下之時的藍色多瑙河。

第二十四章 小巴黎布加勒斯特

　　21 世紀之初，羅馬尼亞已經對外開放，但去的國際遊客卻不多。我從伊斯坦布爾坐火車，穿越保加利亞直奔羅馬尼亞首都布加勒斯特（Bucharest），算是去希臘和土耳其之後的順道遊。

　　火車跨越多瑙河大橋時天還沒有黑，落日餘暉下的多瑙河(Dunube River) 還真是「藍色」的，至少我在火車上經過時看到的就是那樣的。

　　羅馬尼亞人很為多瑙河自豪。火車裡同行的兩位國際馬拉松得獎選手瑪麗安娜（Mariana）和丹（Dan) 剛從伊斯坦布爾參加比賽回來，臥鋪廂位與我的相鄰，當閒聊中得知我來自美國要去布

▲圖 24-2 火車上萍水相逢的羅馬尼亞朋友瑪麗安娜和丹。

加勒斯特一遊時，表現出了極大的熱情。他們會英語，發音聽起來可愛得很，像北京人說上海話那樣逗樂。回美後我還 email 了給他們拍的照片。

丹是布加勒斯特的員警，知道我尚未找好旅館時，便邀我去他家逗留，外加導遊，還特別聲明 free(免費)。我當時對巴爾幹一帶所知極少，出門看世界資歷也淺，所以婉言謝絕了。幾年後我浪跡天涯經歷得多了，才意識到我錯失了一個重要的瞭解當地人的機會。

抵達布加勒斯特時天色已黑，我計畫去的青年旅館並沒有預訂，也無法預訂。走出火車站後詢問，沒有人知道那個旅館名字。我按照資訊中介紹的公車到了那一帶下車再細問，才有人告訴我它已經倒閉了。

那個時候我是絕望的。四下裡路燈稀缺燈光昏暗，路上行人也很少，路邊唯一的燈火明亮處是一家糕點小店還開著門，我打算先填補一下肚子。二、三位本地人買完後輪到我時，身旁一位中年人居然用英文主動問我：是否需要幫忙？

▲圖 24-3 布加勒斯特第一天夜遇熱心的當地父女。

聽到有人說英文我喜出望外，這是一位中年男士，面帶微笑彬彬有禮，身旁還有一個小女孩。在他的幫助下，我買了點心，還提到了旅館的事情。他毫不猶豫帶我去了幾個街區外的一家旅館，可惜已經滿員。最後他告訴我，附近不會有了，只有火車站一帶才有希望，因為那

裡的旅館很大很貴，一般不會客滿。

於是我不得不再次坐車回到火車站，一家大旅館果然還有房間收留了我。儘管旅館的設施非常「勉強」，收費卻不亞於歐美標準。

我交上現鈔押金時還指望著退回我零頭，結果證明我想錯了。那裡的服務員連小費都會千方百計地索取，對於已經拿到手的，是絕不會輕易退還的。我連說幾遍要求找回零錢，對方連眼皮都沒有抬一下，愣是不給。

第二天早晨離開前，我把行李暫存在大廳一個壁櫥裡。引路的服務員只是拉開了一下壁櫥的門，並不幫我放行李，接著就伸手要小費。他緊逼盯人跟著我從櫃檯到壁櫥，又從壁櫥到大門，甚至出了大門，他還在死乞百賴，讓我十分無奈。

我在布加勒斯特逗留了一天一夜。

布加勒斯特城市不大，市區精華集中在維多利亞廣場（Piata Victoriel）和大學廣場（Piata Universitatli）兩個地鐵站之間的尼

▲圖 24-4 羅馬尼亞國會大廈氣勢宏大卻顯得疲舊。

古拉 ‧ 巴爾切斯庫大道（B-dul Nicolae Balcescu）。市中心還是挺繁華熱鬧的，時髦的商店和年輕人也不少。也許正如丹告訴我的：真正的窮人多在郊外小鎮裡做粗活呢。

我去了羅馬尼亞國會大廈、外交使館區、羅馬尼亞國家博物館、布加勒斯特大學等處。讓我印象最深的，是城市北端基塞勒夫路（Kiseleff Road）上的凱旋門（Arcul de Triumf）。也正是因為它模仿了巴黎的凱旋門，才使布加勒斯特有了「小巴黎」之美譽。

▲圖 24-5 羅馬尼亞國家博物館。

▶圖 24-6 布加勒斯特小凱旋門，稍小於巴黎的大凱旋門。

凱旋門建於羅馬尼亞獨立的 1878 年之後，開始是木制的。第一次世界大戰後被混凝土骨架和石膏外觀拱門所取代。1935 年開始採用新古典主義設計，更緊密地模仿巴黎的凱旋門，最後新拱門於 1936 年 12 月 1 日落成。

　　凱旋門高 27 米，基礎是個 25 × 11.50 米的矩形。外牆裝飾的雕塑由著名的羅馬尼亞雕塑家創作。羅馬尼亞每年國慶會在拱門下舉行軍事遊行。

▲圖 24-7 首都使館區的街頭公園雕塑。

　　羅馬尼亞和保加利亞地理上緊鄰，政治經濟上也亦步亦趨，那年快一起加入歐元體系了。羅馬尼亞由於有不少吉普賽人的拖累，經濟還不如保加利亞，這是他們自己說的。

　　我原先的後備計畫中，有去多瑙河三角洲（Dunarea Delta）一項，因為忘不了大陸中國文化大革命後期的羅馬尼亞恐怖類電影《多瑙河三角洲的警報》，就在黑海邊的圖爾恰（Tulcea）一帶，並不太遠。不過我到了布加勒斯特後，興致大減了。

第二十五章 火車開進保加利亞

我從伊斯坦布爾坐火車去羅馬尼亞時，先要經過相鄰的保加利亞（Bulgaria）。

火車起始點是博斯普魯斯海峽邊的西魯克茲（Sirkeci）火車站，那是阿嘉莎・克莉絲蒂（Agatha Christie）的名著《東方快車謀殺案》（Murder on the Orient Express）裡的終點站，車站很大很空，有點老舊。

登上火車是晚上十點多。臥鋪人不多，和我同一隔間的是個保加利亞小夥子，只會說一句：China? 我點點頭：Yes。其他都是鴨同雞講，所以我早早就躺下了。

不知過了多久，車廂裡有了動靜，我醒過來。正在入境保加利亞，開始邊境檢查了。員警來到我們面前時，只匆匆瞄了一眼那小「保」夥子的護照就還給了他。

▲圖 25-1 伊斯坦布爾的西魯克茲火車站。

我遞上自己的美國護照時，員警似乎有點意外，翻來覆去看。

正常的程式應該是蓋個簽證戳，再掃描或用對講機記下護照號即可，但他沒動靜。

我問：Anything wrong?（有問題嗎）

他抬頭說：你還有其他證件嗎？

我身上也帶著駕駛執照，不過我不急於拿出來。我想看看這方水土上的人如何 Handle（處理），也是一種風土人情。

我問：Why?（為什麼）

他不說話了，一本護照應該足夠入境的，他知道，我也知道。

他拿起步講機嘰嘰嘎嘎說了會兒「保」語，拿著我的護照走了。我倒沒擔心，出門都帶護照和公民證影本的。

等了有好一會兒。最後來了個女員警，說了句：Okay, Sorry。送還了我護照，火車重新上路。

火車駛入保加利亞已是深夜，天亮之時還未到索菲亞（Sophia），所以火車在保加利亞境內又行駛了一大段。

火車經過的地方有很多建築幾近中國大陸那些年的拆遷房，而且還在使用。鐵路沿線的景象有點荒涼，和改革開放前的中國大陸類似，甚至還不如那時的中國。村鎮僻靜，人跡罕見，建築簡陋，設施老舊。

直到後來去了羅馬尼亞，才知道保加利亞還算是相對富裕的。

▼圖 25-2 火車沿途小村鎮人煙較少。

▲圖 25-3 沿途一個小火車站。

▶圖 25-4 車站裡的保加利亞小男孩，看到我相機對準他們時，馬上熱情反應，年輕活潑好可愛！

◀圖 25-5 火車駛近索菲亞。

▲圖 25-6 索菲亞火車站大部分由大篷帆布作頂遮蓋，站前有雕塑。

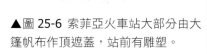

第二十六章 走馬觀花索菲亞

▲圖 26-1 保加利亞總統府大樓。

索菲亞是保加利亞首都，它的火車站在城市北邊，離市中心不到 10 公里。與布加勒斯特相似的是，其精華景點同樣集中在一條南北大街上，即從瑪麗亞 · 路易莎（Maria Luisa）大道連至維托莎（Vitosha）大道的那一段。從外觀上看，索菲亞勝過布加勒斯特，說英語的路人也多了。

我在索菲亞市中心轉悠了一天。那裡的總統府、沙皇解放者紀念碑（The Monument to the Tsar Liberator）、聖亞歷山大 · 涅夫斯基大教堂（The St. Alexander Nevsky Cathedral）和伊萬 · 瓦佐夫國家劇院（The Ivan Vazov National Theatre）都十分精彩，而且都相距不遠。

總統府位於市中心的丹杜科夫（Dondukov）大道 2 號，整個宏偉的大樓原來屬於王室的宮廷建築，後經改建成為總統府。我那年去看到的是，其大樓居然與拐角處的民居大樓相連！但現在已經不是了。

總統府每天的衛士換崗儀式是一大景觀，平日裡是每小時一換。而每個月的第一個星期三中午，整個儀式就變得更加完整和華麗，樂隊、武器等盛典用的裝飾都會展現。

總統府裡有個四世紀的老教堂，叫聖喬治教堂（St. Geroge Church），所以總統府大院是對外開放的，人們可以穿越總統府去參觀教堂。

索菲亞中心那個醒目的沙皇解放者紀念碑，紀念的是俄羅斯沙皇亞歷山大二世（Alexander II），他在 1877 年至 1878 年的俄土戰爭中，將保加利亞從奧斯曼統治下解放了出來。

紀念碑的騎馬雕像屬於新古典主義風格，主要設計者是義大利人，它 1901 年開工，1903 年完工。

索菲亞最令人驚豔的，要數著名的聖亞歷山大・涅夫斯基大教堂了。它高大雄偉、氣勢恢弘，是保加利亞主教的主座教堂，也是巴爾幹半島的最大教堂，現在是索菲亞的主要地標和景點。

亞歷山大・涅夫斯基是早期俄羅斯的一位傳奇人物，在最艱難的時候擊敗了一系列的歐洲侵略者，成功保持了俄羅斯的統一，十六世紀被東正教追封為聖徒。

大教堂占地三千多平米，可容五千多人。鍍金圓頂高 45 米，鐘樓高 53 米，中殿屋頂跨度 28 米。教堂

▲圖 26-2 索菲亞鬧區街頭的沙皇亞歷山大二世解放者紀念碑。

共有鼎鐘 12 個，最重的 12 噸，最輕的 10 公斤，總重 23 噸。室內裝潢豪華奢侈，用上了各種顏色的義大利大理石、巴西瑪瑙、雪花石膏，以及其他豪華材料。

在 1931 至 1992 的六十多年裡，它是全球已完工的東正教教堂中的第一大。2000 年後真正超越它的，只有布加勒斯特的羅馬尼亞人民救世主大教堂（Romanian People's Salvation Cathedral）和貝爾格勒的聖薩瓦教堂（Church of Saint Sava in Belgrade）。

▲圖 26-3 聖亞歷山大 · 涅夫斯基大教堂是巴爾幹半島的最大。

◀圖 26-4 伊萬‧瓦佐夫國家劇院。

▶圖 26-5 保加利
亞前皇宮，現在
是人類學博物館。

◀圖 26-6 保加利亞的政
府辦公大樓。

最後值得一提的，是毗鄰市中心城市花園（City Garden）的伊萬・瓦佐夫國家劇院。它是保加利亞歷史最古老和最權威的劇院，也是索菲亞的重要地標。它由一批藝術家於 1904 年創立，最初簡稱為國家劇院。建築屬於新古典主義，完工於 1906 年。劇院開幕時的第一個劇碼是著名作家伊萬・瓦佐夫的戲劇作品，1962 年劇院遂以他的名字命名。

伊萬・瓦佐夫是跨越十九、二十世紀的保加利亞詩人、小說家、劇作家，有「保加利亞文學之父」的崇高稱號。

那天走在繁華的維托莎大道上，忽然有人從背後說英文：Do you have the time?（幾點了？）我扭頭，是一位紳士，西服畢挺，正看著我。我看表，說：兩點四十五 (Fifteen to three)。

他見我答腔且友善，便跟進幾步並遞上名片。我接過一看，英文的，不禁讀出聲來：The most beautiful girls in Sofia (索菲亞最漂亮的女孩)！我說：哇！這合法嗎？他正色答道：合法！合法！

我說：抱歉，我今天就要離開索菲亞了，說著遞還了名片。據瞭解，妓女在索菲亞確實合法，而且通常與高檔賓館聯營，價格不菲。這次「豔遇」的是仲介而已，也屬人生一體驗吧，真個是：

出門看世界，南北中西東。
怒罵嘻哈事，都付笑談中。

第二十七章 希臘古都納夫普利

　　納夫普利（Nafplion）是希臘從奧斯曼帝國統治下成功獨立後，現代希臘的第一個首都(1829-1834)，位於南部的伯羅奔尼薩（Peloponnese）半島。伯羅奔尼薩半島東臨愛琴海，西面南面有地中海，是個充滿歷史古跡和美麗神話的地方。

　　納夫普利的老城是威尼斯風格，人口一萬多。它名字很像義大利著名的南方大城那不勒斯（Naples），而且美麗和魅力有過之而無不及，所以又有「希臘的那不勒斯」之美名，但比那不勒斯要安全和寧靜得多。

▶圖 27-1 納夫普利的老城區。

◀圖 27-2 老城區的威尼斯風格，僻靜悠閒，只差小橋流水。

▲圖 27-3 水邊露天餐館生意比老城區裡的露天餐廳更好。

從雅典 (Athens) 去納夫普利大約 2 個半小時車程，駛過希臘本土與半島的相連處再往南行約 40 公里就是。坐公車可在雅典的汽車總站 Terminal A 出發，每小時一班。單程票價 9.5 歐元，車票對號入座，因為屬於遠程了。

納夫普利的精彩看點有：保存完好的威尼斯式老城、風景秀麗的海濱沙石灘泳場、溫馨優雅的水邊露天餐廳，還有雄偉壯觀的著名派勒密古堡（Palamidi Fortress）。

▲圖 27-4 古堡山雄偉壯觀，它的圖像在各出版物上被廣泛採用。

　　納夫普利曾經歷過東羅馬與奧斯曼帝國的爭奪拉鋸戰，派勒密古堡就是那個時期東羅馬帝國下屬的威尼斯共和國所建。

　　從納夫普利繼續往南，還有兩個古跡遺址：邁錫尼（Mycenae）和埃皮達魯斯劇院（Theatre of Epidavros），它們都是旅遊團的組團項目。

▲圖 27-5 海濱沙石灘游泳場不算大。

▲圖 27-6 海灘外景觀，跨過那些島嶼就是愛琴海了。

邁錫尼文明是古希臘青銅時代晚期的一個階段，而邁錫尼古城，正是包括荷馬史詩在內的古希臘文學及神話的孕育之地。

　　埃皮達魯斯則是古希臘的一個城邦，是傳說中阿波羅之子的出生地，那裡祀奉他的劇院聖殿，屬於世界文化遺產。

　　從納夫普利去邁錫尼需 1 小時車程，2.2 歐元。去埃皮達魯斯是 40 分鐘，2.2 歐元。這兩趟車間隔好幾個小時才有，並不順路，所以兩地都去則時間太緊，需要過夜。

　　到達納夫普利下車後，往後走就是水邊（Water Front）休閒區，先往後再左拐可去老城。汽車站正前方，可去海濱沙石灘泳場和派勒密古城堡。到達山頂的古堡，需走 800 臺階，但絕對值得一爬。

　　納夫普利是希臘人愛去的度假勝地，尤其是雅典居民，來去方便，經濟實惠。

▲圖 27-7 水邊小碼頭也正好是個伸向海中的步行道。

▲圖 27-8 從古堡俯視伸向海中的一段山坡地，平添額外風采。

　　我去納夫普利時，車上的鄰座是一本地婦女，她同行的兩個女伴在我們後座。坐回程車返雅典時，我上車後低頭找座位，口裡念著座位號。忽然有人哈哈大笑，抬頭一看，正是她們仨，又遇上了。而且我和那位婦女又是坐在一起，所以她們要笑出聲來，真是太巧了。

　　去納夫普利絕對值得，去邁錫尼及埃皮達魯斯則多半會失望。至少我這樣感覺。

▲圖 27-9 城中居民住宅區非常優雅，引起我在此置產的衝動。

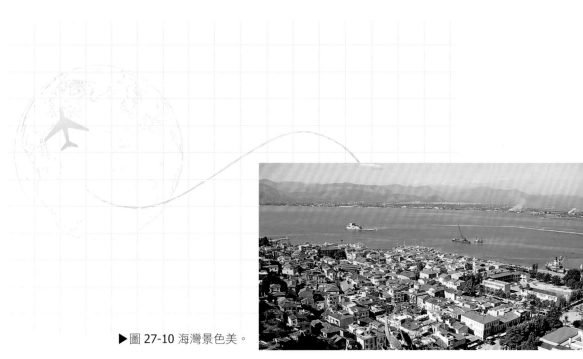

▶圖 27-10 海灣景色美。

▲圖 27-11 近海中的艦型小島，納夫普利的地標性景物。

▲圖 27-12 黃昏中的艦型小島，劈波斬浪駛向前方。

第二十八章 懸崖上的修道院

米特奧拉（Meteora）是希臘中部一群修道院的總稱。若說它屬於希臘最佳景點的前三甲，也不為過。它的獨特與驚豔，僅次於首都雅典和愛琴海上的聖托裡尼 (Santorini) 島。

第一次看到米特奧拉的景觀照片時，我就不禁拍案叫絕：一個個石峰拔地而起，山頂和山腰間的修道院與山崖渾然一體，像是從岩石中「崩脫」而出，又好似在山石上雕琢而成。壯觀，震撼，令人歎為觀止。

其實米特奧拉的希臘原文，就有懸浮的岩石、懸在空中等含義。它在希臘東正教修道院中的規模和重要性，排名第二，僅次於希臘東北角半島上的阿陀斯山（Mount Athos）。

阿陀斯交通不如米特奧拉方便，景觀的宏偉程度也稍遜風騷，更重要的是，阿陀斯嚴禁女人入山。

米特奧拉已有近千年的歷史，據說是來自聖地阿陀斯山的僧侶率領著追隨者來到這裡，看中了這兒不受政治動盪影響的獨特地形，在岩石懸崖上修起了修道院。去到修道院必須攀爬長梯，當外部威脅來臨時，梯子可以即時收起。那是 14 世紀後葉的事。

米特奧拉修道院群落在 1988 年成為世界文化遺產。最初 20 個修道院散佈在約六平方英里的山間，現在保持完好的有六個。有的修道院只有一個僧侶（Monk）或修女（Nun）主持，大多對外開放。

1981 年好萊塢大片 007 系列中的《最高機密》（For Your Eyes Only）曾在此拍攝。

去米特奧拉的交通，可從南面的雅典或北面的第二大城塞薩洛尼基（Thessaloniki）出發，汽車和火車都到卡蘭巴卡（Kalambaka），那就是米特奧拉所在。

我從雅典坐火車走，單程票價約 20 歐元。若坐汽車，雅典的終點 Terminal B 站也去卡蘭巴卡，票價與火車差不多，班次更多，但時間要比火車長（不少）。那天 8 點 50 有一趟火車馬上要走，只剩半價站票了，結果我買半價票，

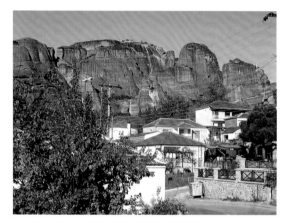

▲圖 28-1 山腳下的小鎮屬於卡蘭巴卡。

但一上車就有空位等著我，四個半小時就到了。

卡蘭巴卡的火車站和汽車站相距不遠，下車後找旅館也很方便。從卡蘭巴卡再去米特奧拉修道院，可以有步行、專線公車、計程車等多種選擇。

上山的瀝青公路總長六英里多，對步行愛好者來說不算長。專線公車每天上午去，下午回，20 分鐘到山頂，單程票價 1.2 歐元。計程車更是方便，3-4 歐元單程。遊客大多數人是坐車去，步行回，也有人步行來回。世界衛生組織 WHO 說了：愛走路的人長壽，呵呵。何況時間上更多自由，沿途風景也極具魅力，所以我選擇了步行。

那天我走到山腳下一個三叉路口，停下腳步想確認上山的

最佳路徑，忽然聽得有人呼喚，我扭頭，約百米外街角處一間小房開著的窗口有人站立著，像是個婦人在招手。我指指自己，她點頭，我便走近前去。

▲圖28-2 當地小商鋪的女主人安娜在窗邊喚我。

原來是家小商鋪的女主人，她問我是否需要幫助，接著便詳細介紹了上山的路況。最後又加了一句：回來時來店鋪看看，買點什麼吧。

我謝過女主人便上了山。那時剛過正午，等天黑之前趕下山來時，我沒有忘記這家友善的小店和熱心的主人。她見我真的再次來訪十分意外和高興，沒等我開口，迎進小屋後就拿出一塊肥皂塞給了我，說是旅途用得著，也算個紀念。我接過手一看，上面有店主名字，才知道她叫安娜（Anna）。

我回去後一直沒捨得用這塊肥皂，因為它不僅僅是一個日常用品，我會一直記著它和它的主人。

去米特奧拉最理想的安排是逗留兩天兩夜，時間充裕後就可盡情享受山上山下的一切了，還能和附近的德爾斐（Delphi）勝地連起來。

▲圖28-3 小商鋪的女主人安娜贈我自製的肥皂。

◀圖 28-4 盧薩努 · 聖芭
芭拉修道院為修女所居。

▼圖 28-5 聖尼古拉 · 安
納保薩斯修道院是建於
16 世紀的小教堂。

在米特奧拉山崖間漫步，眺望遠近美景，奇峰佇立，雲霧渺繞，真像置身於仙境，有一種超塵脫俗的感覺。

我忽然覺得，出家人的人生其實也可以是很美的。

◀圖 28-6 第二大的瓦爾拉姆修道院始建於 1541 年。

▲圖 28-7 最大的大邁泰奧拉修道院始建於 14 世紀中葉。

▲圖 28-8 山腰上的小修道院。

▲圖 28-9 山間牧羊人與羊群。

▲圖 28-10 夜幕將臨人間仙境米特奧拉。

第二十九章 阿波羅聖城德爾斐

希臘古老而美麗，大家都知道它的雅典、奧林匹克村、阿波羅神廟、愛琴海、伯羅奔尼薩半島、克裡特（Crete）島，還有那千古流傳的希臘神話。

但要說起德爾菲（Delphi），則未必有很多人瞭解它在希臘人心目中的地位。

德爾菲是帕納薩斯（Parnassus）山腰上的一座小城，在希臘西南，距離雅典約 120 公里。那兒群山懷抱，風景秀麗，它周圍的波伊俄提亞（Boeotia）平原地區，正是古希臘的所在地。

古代希臘每個城市都供奉一位保護神，例如雅典供奉雅典娜 (Athena)，奧林匹亞供奉宙斯 (Zeus)，而德爾菲供奉的則是太陽神阿波羅（Apollo）。

古希臘人無論貴賤，遇到重大問題都會祈求神諭，而德爾菲就是古希臘最重要的聖諭之地。據傳在西元前四世紀前後的近千年裡，這裡的阿波羅聖廟曾傳喻過各種神秘的預言，極大地影響了當時各城邦和重要人物的興亡。因此德爾菲成為古希臘人以及遠近城邦國和屬地貴族要來此問凶吉、膜拜阿波羅神的主要地方。

頒神諭的是女祭司，頒下來的神諭大多模棱兩可，全憑主觀理解。有傳說，西部利迪亞（Lydia）王想遠征波斯，得到德爾菲的神諭是：如果你渡過河，將毀滅一個大國。他很受鼓舞，於是發動攻擊，結果滅掉的卻是他自己的國家，呵呵。

希臘神話裡，天神宙斯為找出地球中心，從地球兩端同時放出神鷹相對而飛，結果兩隻神鷹在德爾菲相會。所以在古希臘人心目中，德爾菲是地球的中心、全世界的中心，享有崇高

的地位。

如今在希臘有兩處阿波羅神廟被列入世界文化遺產，德爾菲是其一。另一處是伯羅奔尼薩半島北部的阿波羅·伊壁鳩魯神廟。但希臘人心目中的阿波羅聖城是德爾菲。

每隔四年，全古希臘的運動員也在德爾菲舉行節日集會（Festival）和體育競技（Pythian Game），那是現代奧林匹克運動的四大先驅之一。不過奧林匹克的正宗發源地，應該是在伯羅奔尼薩半島的奧林匹克村。

德爾菲的中心是氣勢恢宏的阿波羅神廟遺址。它後面的山腰上有西元前四世紀修建的古劇院，曾為羅馬人修復重建，保存完好。古希臘各城邦為供奉太陽神而建的多座珍寶庫也到處可見。

德爾菲本身也是一個重要的考古學站點，廢墟遺址處的考古博物館收藏了當地出土的大量文物。

沿著山道稍往下，有女神雅典娜廟（Sanctuary）。那是一個圓屋頂、20 根柱、三層臺階的亭狀 (Podium) 建築，也建於西元前四世紀，免費開放。

我從山崖上的修道院米特奧拉返回雅典的途中，去了德爾菲。沒有火車可走，所以我從卡蘭巴卡小鎮出發，先到特裡卡拉（Trikala），再換車去拉米亞（Lamia），用的是同一張車票。在拉米亞還要再買第二張車票才最後到達德爾菲。總價車票 12.6 歐元，4.5 小時。

這個車程一天兩班，很不順利。你可以想像，在一個不發達國家多次倒換汽車，要是能准點，反倒成了新鮮事。更叫人氣結的是，德爾菲下午 2 點半就關門謝客。途中稍有耽誤，你

就白跑了。

雅典也有汽車去德爾菲。在汽車站的 Terminal B 上車，11.8 歐元單程，三小時到，一天六班，簡單方便得多。

德爾菲充滿神話故事和古希臘傳奇，那是一個發思古之幽情的地方。

▶圖 29-1 從汽車站走
進聖城德爾菲。

▼圖 29-2 從德爾菲城鎮走向阿波
羅神廟遺址區。

▶圖 29-3 從阿波羅遺址入口處仰望全區。

▼圖 29-4 阿波羅神廟地基遺址。

▶圖 29-5 西元前四世紀修建的古劇院遺址。

▲圖 29-6 阿波羅神廟遺址的石柱依然挺拔。

◀圖 29-7 離阿波羅
神廟不遠處的雅典
娜神廟。

◀圖 29-8 德爾菲城裡俯視群山的餐館。

▲圖 29-9 德爾菲汽車站實際上是個體戶經營的小店。

◀圖 29-10 在我等待
回雅典的汽車時，夜
幕將臨德爾菲。

第三十章 雅典街頭目睹示威遊行

▶圖 30-1 遊行集會發生的地點離出名的利卡貝托丘（Lycabettus 山）和巴台農神廟（Parthenon）所在的雅典衛城（Acropolis）不遠。

2007 年冬，雅典街頭。

白天走了，看了，玩了。
晚上吃了，息了，閑了。

那天晚上我想上街逛逛，看看雅典的夜景，體驗一下雅典的夜生活。

我從雅典地鐵的奧莫尼亞（Omonia）站附近出發，沿街朝鬧市區憲法廣場（Sindagma Square）一帶慢慢走，邊走邊瞧。

那個奧莫尼亞地鐵站是個治安不好的地區，我倒不怕。反正一個人方便，正好體會一下有多亂。

結果奧莫尼亞一帶倒是沒事，但還沒到中心區，就碰上了示威遊行。記得是在 El Venizelou 大街上，那是條該區的主要街道，沿街幾個大建築很有特色。我見到「有事」就不走了，跟

著集會和遊行的人們，一起待了好一會兒。

先是個集會，有上百人。人們圍在一個主要的建築物前臺階周圍，有人講演，眾人呼口號。人不算太多，聲勢卻不小。高音喇叭震得耳朵直嗡嗡，街道也堵了。不過沒看到員警來做交通管制和維持秩序。

我走近人群時集會已經開始，所以沒看到集結的全過程。我在集會的人群中穿梭，但沒敢拍照。那時候我還沒注意到有人在現場實況拍攝，我也不敢貿然「冒犯」他們。後來集會結束遊行開始了，我才拍了些照片和視頻。那時媒體也出現了，攝影機和攝像機忙得不亦樂乎。

我聽不懂他們在說什麼，也不知道他們的訴求。好像是阿拉伯人，反戰，隊伍中有打叉的炸彈圖形。比起幾個月前 2008 年雅典的青年人暴動，他們整個過程要和平理性得多。

我跟著遊行隊伍走了大半條街，前後約一個小時。隊伍走遠後，我就撥馬回頭，繼續我的夜行路。

▲圖 30-2 遊行隊伍的前導過來了。　▲圖 30-3 看上去是個反戰的示威遊行。　▲圖 30-4 我看不懂標語，聽不懂口號，但隊伍中有炸彈圖形。

第三十一章 西加勒比郵輪

2008 年我坐了一趟西加勒比海郵輪，皇家加勒比（Royal Caribbean）公司的。從美國邁阿密出發，走了海地（Haiti）的拉巴迪（Labadee）、牙買加（Jamaica）的蒙特哥灣（Montego Bay）、英屬開曼群島（Cayman Islands）的喬治城（George Town）、墨西哥（Mexico）的科蘇梅爾（Cozumel），七天六夜，內艙，也就是窗戶不面向海洋，或者乾脆沒有窗戶的，500 美元一位，那是個季節性優惠價。

郵輪的種類和玩法很有講究，有的走全球跨大洲，有的走某內海的沿岸各國，有的集中一個海域的各島嶼，有的走某條大河的沿岸城市，等等。總之，有水域的地方就會有郵輪。

郵輪的好處是不必操心上岸國的簽證；一日三餐也是飯來張口隨時供應十分便利；船上船下活動豐富現成，但有的需要單獨預訂，當然也可以自己上岸活動；航行期間身體健康若出現情況，也有郵輪方負責，服務十分周全。

我和太太都很喜歡郵輪，覺得被人伺候整天不愁吃喝的日子太爽了。也許自己一個人出門看世界，去慣了苦地方窮地方，加上大陸中國我們這一代人從小就是艱苦樸素教育長大的，所以很容易知足的緣故吧。

每天的船上活動安排、各項活動所在的具體地點及時間等等，都會在前一天晚上有書面資料送至各個房間，以便遊客自由選擇提前規劃。

郵輪也是老人養老的好去處。我們遇到好幾位享受船長接待 VIP 貴賓待遇的美國老人，她們來同一郵輪多次甚至十幾次。問她們為什麼重複同一線路，她們說，通常停靠時都不再下船，

▼圖 31-1 郵輪徐徐駛出邁阿密港口正式出發啦。

▲圖 31-2 油畫拍賣是郵輪的活動之一，這一幅高難動作令人驚豔。

▲圖 31-3 郵輪停靠的海地拉巴迪，是郵輪公司買下的一塊海灘地。

▲圖 31-4 遊客坐小擺渡船去拉巴迪海灘。

看中的是醫療方面的照顧，因為萬一身體有事，船方需要負責，或就地治療，或靠岸送醫院，比起自己單獨在家閉門不出，要放心可靠得多。何況不參加上岸活動，所以吃和住都不顯得貴。哈哈，這真可謂是孤寡老人退休養老的一種另類思路和選擇！

船上每天晚餐的餐廳和座位是固定的，服務員也固定。我們桌有一位中國大陸姑娘，這趟航線走完就要回上海結婚去了。我們替她拍照留念，她也留下了電子郵箱，事後我們給她郵去了那些照片。臨別的最後一晚，我們給了她多兩倍的小費，算是祝賀祝福她吧。

◀圖 31-5 拉巴迪海灘邊有各種收費活動。

▶圖 31-6 牙買加蒙特哥灣著名的博士海灘（Doctor's Beach）。

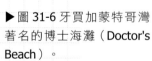

▲圖 31-7 開曼群島的喬治城紀
念當年水手的街頭雕塑。

▼圖 31-8 墨西哥的科蘇梅爾近海潛水活動另單收費。

▶圖 31-9 墨西哥式按摩。

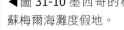

◀圖 31-10 墨西哥的科
蘇梅爾海灘度假地。

▲圖 31-11 這位美國北卡羅萊納的老人是加勒比郵輪的常客。

▲圖 31-12 晚餐固定餐桌上的大陸中國女孩服務員。

▲圖 31-13 郵輪告別晚餐的現場氣氛熱烈。

▲圖 31-14 郵輪給我們留下的印象是美好的。

第三十二章 印加古都庫斯科

著名的古印加帝國（Inca Empire）存在於 11 至 16 世紀，是哥倫布之前美洲最大的帝國，首都就在今日秘魯的庫斯科（Cusco）。它也是美洲三大古文明之一印加文明的締造者，另外兩個分別是瑪雅（Maya）和阿茲特克（Aztec）文明。

印加人屬於南美洲的古印第安人，主要生活在秘魯安第斯（Andes）山脈一帶。他們原為遊牧部落，後來遷涉到庫斯科建立了庫斯科王國，成了一個城邦國家。

在其後近一百年的時間裡，庫斯科王國憑著武力征服與和平同化的軟硬兩手，逐步擴張成為印加帝國，地跨秘魯、厄瓜多爾、哥倫比亞、玻利維亞、智利、阿根廷等地。庫斯科是這個大帝國的首都，也是商業農業與宗教中心。

印加帝國毀於 16 世紀西班牙殖民者的入侵。令人唏噓的是，當時西班牙人軍隊只有區區不到 200 人，外加 20 多匹馬和一門炮。印加帝國的覆滅應該歸因於印加人內部的王位爭奪，以及天花傳染對印加人口的致命打擊，還有當地數十萬土著盟友被西班牙的收買。

庫斯科地處安第斯山的高原地帶，雖位於烏魯班巴河谷（Urubamba Valley），但海拔依然有 3400 多米，不少遊客初來乍到，很容易有高原反應。

庫斯科城的中心是聖多明哥大教堂（Santo Domingo Cathedral），又稱庫斯科大教堂（Cusco Cathedral），還有它前面的阿馬斯廣場（Plaza de Armas）。

聖多明哥大教堂是西班牙殖民統治的產物，建於 1559 年。大教堂選擇的位置，恰好是原印加人所蓋基斯瓦坎查

（Kiswarkancha）寺廟的地方。那個寺廟供奉印加人至高無上的維拉科查（Viracocha）神，而且也是庫斯科王國時代的印加宮殿，是印加人心中文化和歷史的象徵。

西班牙殖民當局刻意地摧毀寺廟，用天主教堂取而代之，為的就是要消除印加宗教。大教堂的建造總共花時近一個世紀，1654 年方得完工。

大教堂由西班牙建築師設計，外形像個拉丁十字架。拉丁十字架又稱受難十字架，據信耶穌被釘死的十字架就是那個形狀。這個十字架外形從地面上仰視並不明顯，而是必須從上空俯瞰。

十字架外形是羅馬式和哥特式教堂通常的設計，十字架橫豎相交的地方，就是聖壇的所在，聖壇的後面則是唱詩班。聖多明哥大教堂的哥特式文藝復興風格反映的是當年的西班牙風格，也帶有巴羅克的印記。

大教堂整個建築所用石頭大多來自附近的薩克塞華曼（Sacsayhuamán），那是城外山丘上的一個古城堡，也是印加宗教的一個神聖之地。西班牙人再次強行拆除和改動那個建築，為的就是故意褻瀆印加宗教。

但是薩克塞華曼城堡畢竟太大，所以最終大部分得以保留，而且現在是庫斯科的一個重要古跡遺址。

薩克塞華曼古城堡最早建於 1100 年間，建造者是早於印加人來此地的基爾克（Killke）人。他們建造城堡具有宗教和軍事的雙重目的。

13 世紀初基爾克人被印加人征服，城堡也被印加人佔用並擴建。印加人建起了巨石組成的乾石牆，巨石的切割和銜接十

分精緻巧妙，不用砂漿或其他粘合劑，成為一大建築奇跡，1983年列入世界遺產名錄。

西班牙殖民當局肆意破壞和褻瀆印加宗教文化的惡行，還包括移走阿馬斯廣場上所鋪滿的沙子，將之用於大教堂的迫擊炮中，因為他們得知在當地人眼裡，那些沙子也是神聖的。

我在庫斯科逗留了兩天，遊覽了市中心以及郊外的印加遺址，包括那個世界遺產薩克塞華曼古城堡廢墟。

▲圖 32-1 古都庫斯科俯瞰。

▲圖 32-2 庫斯科市中心的阿馬斯廣場。

▲圖 32-3 庫斯科市中心的聖多明哥大教堂。

▲圖 32-4 庫斯科城內街道。

▲圖 32-5 聖多明哥大教堂正面。

▲圖 32-6 薩克塞華曼古城堡遺址。

　　秘魯是個農業和礦業國家，國力在南美洲屬於中等水準。
它的旅遊業在國民經濟中所占比例很大，得益於古印加帝國的
歷史和遺產，所以國家對旅遊業的管理和支持相當重視，經營
的水準也相當高。去秘魯旅遊，是會有不少驚喜的。

▲圖 32-7 古城堡印加石牆的巨石切割和銜接
十分精緻巧妙。

▲圖 32-8 印加石牆前祈禱祈福的遊客。

▲圖 32-9 與當地人在一起，合影是要給錢的。

▲圖 33-1 馬丘比丘與身後的瓦伊納比丘山。

第三十三章 失落的皇家莊園馬丘比丘

聞名於世的馬丘比丘（Machu Picchu）是秘魯國寶級的旅遊勝地，是隱蔽於崇山峻嶺之中一個神秘的古印加遺址。它直到印加帝國覆滅五百年後的 20 世紀初才被發現，所以被稱為失落的城市（The Lost City）。

但實際上馬丘比丘並非普通的城市，而是古印加貴族的一個山間休閒地，是當年的皇家莊園。它由印加皇帝帕查庫提（Pachakuti）於 1440 年下令而建，巔峰期的居民不足千人，大多為貴族上層人士。

馬丘比丘距庫斯科約 80 公里，高聳在海拔二千多米高的山脊之上。它背後是比它還要高出 250 多米的瓦伊納比丘山（Huayna Picchu Mountain），身旁是俯瞰下的烏魯班巴河谷。四周山霧飄逸纏繞，形成一個震撼驚豔的壯麗景觀。

馬丘比丘在山頭上有庭院圍繞，庭院中有各種功能的建築，

包括：龐大的皇家宮殿、供奉印加神祇的廟宇、印加人設計的天文鐘和日曆、服務設施如住房和浴室、基礎設施如水池下水道和溝渠灌溉系統，甚至還有廣場和公園，等等。

整個遺址的建築多達 100 多處，大多是傳統印加風格的巨石組成，令人驚歎的是巨石之間的接縫技巧。這些花崗岩巨石形狀規則，經過打磨後精密銜接，石間的縫隙連匕首都難以插入，至今無人理解這些巨石是如何利用斜坡搬上山頂，又是如何處理加工對接成建築的。

馬丘比丘山脊上最出名可辨的遺址是：太陽神廟（Temple

▲圖 33-2 馬丘比丘莊園內的建築遺跡。

of the Sun）、印加天文鐘（Intihuatana）、三窗戶寺廟（Temple of the Three Windows）等。可惜的是印加人沒有掌握文字技巧，沒有留下任何描述性的書面資料。

太陽神是印加人的主神，太陽神廟是一個半圓形建築，座落在一塊堅固的純花崗岩巨石

▲圖 33-3 馬丘比丘的太陽神廟遺址。

上。神廟中還曾保留過皇家墓葬木乃伊。

　　印加天文鐘也是一種石質結構，包括一個盤狀的平面，一個接受太陽投影的晷影器（Gnomon）。天文鐘的基本功能就是用作日晷、指示時間。

　　有研究認為天文鐘的基石呈現了印加帝國的地圖形狀，但這種說法未得廣泛認同，只是因此也平添了幾分神秘。

▲圖 33-4 馬丘比丘的天文鐘保存完好。

　　三窗戶寺廟靠近主廣場，是又一個奇妙的參觀亮點。它的窗戶代表世界的幾個主要「領域」，即：地下（Uku-Pacha）、天堂（Hanan-Pacha）、現在（Kay-Pacha）。其中 Pacha 通常翻譯成世界（World），是古印加神話和信仰中用以劃分宇宙和世界不同領域的一個概念，它同時包括空間與時間。所以「三個窗戶」便代表著宇宙的三個領域，這些窗戶又稱為宇宙的窗戶。

　　當年西班牙毀滅古印加帝國並佔領首都庫斯科，卻未能發現近在咫尺、叢林籠罩中的馬丘比丘。直到 20 世紀初，美國的歷史學家和探險家希拉姆・賓厄

▲圖 33-5 馬丘比丘的三窗戶寺廟遺址。

▲圖33-6 瓦伊納比丘上山攀登的臺階清晰可見。

姆（Hiram Bingham）被邀請探索印加遺址，在秘魯歷史學家、當地神父以及探礦者和居民的幫助下，幾經波折終於發現了掩埋於植被之下的廢墟。賓厄姆後來用「失落的城市」（The Lost City）來命名他關於馬丘比丘的第一本書，從此名聲大震。

賓厄姆的功跡不可磨滅，但也留下過兩筆劣跡。其一是他刻意掩蓋了先於他去到馬丘比丘的探險家的足跡；二是他以租借為名帶走幾千件古文物回到自己所在的耶魯大學，卻一直無意歸還，直到 21 世紀。

從庫斯科出發，有一條翻越安第斯山的通道，兩天可以徒步到達馬丘比丘。也有小火車直達馬丘比丘山腳，再步行走上山巔。

這兩條路徑，最後都在一個山口處匯合。翻過山口，馬丘比丘整個遺址便會轟然聳立於眼前。與其他偉大景觀不同的是，這裡展現的是一個俯視的全景，而不是通常的平視或仰視，因而更加壯麗震撼！

馬丘比丘遺址背後的山峰，是比它高出 250 米的瓦伊納比丘。它的山頂據說是大祭司和當地處女的住所。每天早晨在日出之前，大祭司會率人步行到馬丘比丘，以示新的一天開始。現在瓦伊納比丘也對遊客開放徒步，但每天有數百人的數額限制，一天兩批進場都在上午。上山路徑分長短兩條，短的一小時內可達山頂，長的則需要約三個小時。

第三十四章 在南美巴黎看探戈

　　阿根廷（Argentina）首都布宜諾斯艾利斯（Buenos Aires）因其歐化與繁華，素有「南美巴黎」之稱，而其獨特的探戈（Tango）舞淵源與盛名，更使其魅力倍增。

　　探戈舞源於阿根廷，十九世紀開始盛行於南美洲。當然也有將探戈追溯到非洲的說法，但畢竟是在這裡演變盛行的。

　　在歐陸海運興旺發達年代，妓女與來港停靠海員之間相互挑逗嘻戲而發展出一種舞蹈，據說是探戈最早的雛形。也有說探戈曾是當地情人之間的秘密舞蹈，由於男女關係隱秘，提防被人發現而在起舞時會表現出東張西望，並且表情嚴肅。這些也正是探戈舞現在仍然保留的典型風格：不帶微笑、頻繁轉頭、步伐果斷、頓挫感強烈。

　　在歷史的演變中，探戈舞的肢體動作越發多樣，開始變得更加貼身親昵，但在奔放之中也融入了高雅，使之成為國際標準舞大賽的正式項目，深受世界矚目。

　　去南美巴黎一探正宗探戈，絕對是走訪布宜諾斯艾利斯的重頭戲。

　　在首都中心的大街上走過，隔三差五就能看到探戈表演的大小劇場劇院，醒目的廣告提醒著來到這裡的世界遊客們：這裡是探戈的真正故鄉。

　　我去的那家探戈專場，是個不甚起眼的小劇場，它甚至不在地面之上，而是在一家咖啡餐館的地下室裡。它的名字叫托托尼咖啡店（Cafe Tortoni），它的劇場設施也老舊，甚至稱不上是劇場。

▲圖 34-1 布宜諾斯艾利斯的阿根廷總統府並不養眼。

▶圖 34-2 科隆歌劇院
（Teatro Colon ）曾經
是南半球的最大。

▼圖 34-3 前阿根廷第一夫人庇隆（Evita Perón）
夫人墓地。

▼圖34-4 布宜諾斯艾利斯市內到處是探戈舞劇場。

▶圖 34-5 歷史悠
久的托托尼咖啡
店。

然而正是這個表面普通的一方小地，卻是探戈如假包換的正宗發源地。它開始於 1858 年，至今已有 160 年的歷史。克林頓作為總統來訪的那一年，他觀看探戈的地方，正是這個小小的地下劇場。

　　演出的門票非常緊俏，需要早早買妥，因為每晚一場只有區區不滿百人的票數。我的旅館離它不遠，當天上午早早買了票，晚上去到咖啡店卻找不到入場口。再去購票處詢問，原來它在咖啡店堂中間，一個很隱蔽的地下室入口處。沿著彎曲的臺階婉轉而下，整個劇場便展現在眼前。

　　座位是對號的，一個小桌並排兩個座位。不但桌子小，前後桌間的間距也小。不到一百平米的地下室裡擠滿了幾十張小方桌，表演場地也顯得昏暗緊湊，充滿著古老而神秘的色彩和氣氛，似乎刻意要人重溫百多年前的那個時代。

　　演出開始前，服務員開始兜售各種飲料點心，精緻而昂貴。舞臺上一個昏暗的角落處，小樂隊開始陸續登場，咿咿嗚嗚開始調音。等到演出基本准點開場時，人們依然可以啜飲或小酌，背倚著簡易的靠椅，那種感覺十分舒爽。

　　兩個多小時的演出自然以雙人探戈舞為主。有單對，也有多對；有舞蹈，也有小劇；有正舞，也有小品，整體設計得相當豐富多樣。全程沒有中場休息，整個表演一氣呵成，是一場酣暢淋漓的演出。

　　依然沉浸在探戈那挺拔熱辣利索有力的韻律之中，緩步走出昏暗窄小的地下劇場，人們一旦來到地面那層的咖啡餐飲大廳，眼前正襟危坐用餐中的一桌桌紳士淑女們的現代氣息迎面而來，仿佛再次穿越回時光，被拉到了 21 世紀的現實中來。

　　那家咖啡小店的地址是五月大街 825 號（Avenida de Mayo 825）。

▲圖 34-6 托托尼咖啡店的地下探戈小劇場。

▲圖 34-7 探戈舞臺很小，伴奏樂隊佔據了近一半面積。

▲圖 34-8 探戈主要是兩人配對的雙人舞。

▲圖 34-9 托托尼地面那層的咖啡餐飲大
廳。

▲圖 34-10 在布宜諾賽勒斯偶遇
中國老鄉和他的生意合作夥伴。

第三十五章 陽光燦爛里斯本

2012 年秋天我遊摩洛哥之後順道去了里斯本（Lisbon）。當時旅遊旺季已過，雨季將到，所以沒有多大期待。不曾想那四天裡，里斯本到處藍天白雲，陽光燦爛，所到之處都給我留下了美好的印象。

葡萄牙是個小國，九萬多平方公里，一千多萬人口。它面積小於中國的江蘇省，人口不及上海市，卻是歐洲歷史文化的發源地之一，更是當年的海上霸主和 16 世紀的全球性殖民帝國，不能不令人乍舌。

里斯本的地理位置得天獨厚，葡萄牙最大的特茹河 (Tejo River) 從它身旁注入大西洋，大西洋暖流又使之冬不結冰、夏不炎熱，全年大部分時間風和日麗，吸引著人們從世界各地慕名而來，每年遊客超過一百萬人次。2009 年它被具有「旅遊聖經」美譽的《孤星》（Lonely Planet）評選為全球十大最佳城市的第六。

我的飛機從馬德里（Madrid）去里斯本，到達時間是晚上11 點，離機場地鐵的末班車時間比較緊。同航班的一位女士會英文，抵達後為了節省我的時間，親自帶我走到地鐵站口才離去。自動售票機旁有兩位帥哥見我不識葡語，便幫我投幣拿票，並刷票進站。在車上聊起我的旅館與他們的目的地相差一站，他們還提前陪我下了車，一直帶我走到旅館的所在街道才走開。

▲圖 35-1 里斯本機場地鐵末班車上熱心幫我的哥兒倆。

我到達里斯本伊始，就感受到了當地人的熱心。

我遊里斯本的第一重點，是位於西北郊的小城辛特拉 (Sintra)，它是世界遺產。聯合國教科文組織為它特意創立了一個特別的類別，叫「風景文化類」，強調它歷史建築與自然景觀的相容雙贏特點。英國浪漫主義詩人拜倫曾稱辛特拉為「燦爛的伊甸園」。英國作家羅伯特 • 索泰（Robert Southey）則贊它是地球上最成功的一處人居環境。

▲圖 35-2 俯瞰世界遺產小城辛特拉。

辛特拉城外的辛特拉山上，有一個與德國新天鵝堡齊名的佩納宮（Pena Palace），是歐洲十大最浪漫的城堡之一，也屬葡萄牙七大奇觀，專家評價為 19 世紀浪漫主義的主要成就之一。佩納宮座落在山頂，晴天從里斯本也能清楚地看到它，是葡萄牙和辛特拉里程碑式的建築、葡萄牙的驕傲。

▲圖 35-3 國寶級的童話城堡佩納宮。

　　佩納宮鄰近的摩爾人城堡（Moorish Castle）是歐洲唯一的摩爾人風格城堡。640 年伊斯蘭教興起，新興的阿拉伯帝國四面擴張；708 年伊斯蘭教傳入北非，大量當地人接受阿拉伯語為母語，並皈依伊斯蘭教，其中從埃塞俄比亞來的摩爾人影響最大；711 年摩爾人入侵基督教的伊比利半島（今西班牙和葡萄牙），摩爾人城堡隨後建立。在 300 米長的城牆上可以對周圍景色一覽無餘，遠眺有點像迷你長城。它與佩納宮在山頂相望，景象壯觀。

▶圖 35-4 摩爾
人城堡是歐洲
唯一的摩爾人
風格城堡。

▲圖 35-5 卡斯卡伊斯是二戰期間各國的間諜活動中心。

　　我遊里斯本的第二重點，是海濱勝地卡斯卡伊斯 (Cascais)，它是葡萄牙的第三大城市，二戰期間各國特工的間諜中心。大間諜詹姆斯・邦德（James Bond）小說的作者伊恩・弗萊明（Ian Fleming）在這裡組織了「30AU」特工隊，戰後創作「007 系列」於此地。

　　從里斯本坐小火車去卡斯卡伊斯全程不到一小時。火車沿線還有幾個著名景點是：埃斯托利爾 (Estoril)，克盧什宮 (Palace Queluz)，羅卡角 (Cape Roca)。

　　埃斯托利爾是新興的賭城，距卡斯卡伊斯一站之遙。

　　克盧什宮是皇家府邸和國家宮殿，它收藏豐富，建築設計非常人性化且具私密性。現在它依然用來接待國家和政府首腦以及外交使團，是個規模和收藏均十分宏大的寶庫。

▲ 圖 35-6 克盧什宮是皇家府邸和國家宮殿。

羅卡角是歐洲大陸最西端的天涯海角，名句「陸止於此、海始於斯」（Onde a terra acaba e o mar começa）就銘刻在那裡的紀念碑上，被網民評為全球最值得去的 50 個地方之一。去羅卡角需從卡斯卡伊斯進一步換乘汽車，約 40 分鐘可達。

我遊里斯本的第三重點，是市區和近郊。這個歐洲大陸最西端的大都市，當年稱霸世界的全球殖民帝國之首都，到處留有那段風光年代崢嶸歲月的遺跡。其中一大半和瓦斯科・達伽馬 (Vasco De Gama) 這個名字直接或間接有關。達伽馬是航海家和探險家，成功開拓西歐至印度及東方海域的第一人，更是 15 世紀葡萄牙崛起稱霸東方海域建立強大殖民帝國的重要功臣。

我在里斯本的最後一個整天（2012 年 11 月 14 日），趕上了全國大罷工。那是歐洲四國（西、葡、希、意）抗議財政緊縮福利削減的統一行動。我的行程受到影響，有兩個計畫沒有真正完成：特茹河對岸山上的巨大十字架基督像只有遠眺，沒有走近去看。法多 (Fado) 的專場演出終於找到了一家，但最終

▼圖 35-7 羅卡角是歐洲大陸最西端的天涯海角。

沒有去成。

　　法多又稱為「悲歌」，是葡萄牙國寶級的獨特演唱表演方式，由歌曲和器樂兩部分組成。高音的葡萄牙吉他和中音的西班牙吉他在一起合奏，創造出獨特的抒情氣氛，使人感受到一種甜蜜的憂傷。法多主要在酒巴（深夜）演出。

　　好在罷工那天計程車照樣出動，但不知服務和價錢是否依舊。旅館服務員告訴我，隔街一家大旅館門前每天有計程車排隊等客，去飛機場 10 歐元應該夠了。

　　我按照在摩洛哥的經驗，在紙上寫好「去機場，10 歐元」就去了。第一位司機看了我的紙條點點頭，我開車門放進拉包，他擺擺手，拖出包，打開車後蓋放了進去。我雖然心裡不太願意，因為隨身對我更方便，但也不好說什麼。

　　上車出發後，我注意到他啟動了計程表，心想：不是已經說好價了嗎？一路無話。街上車輛不多，紅綠燈前司機也從不匆忙趕超，我有點擔心司機饒路耗時間。這麼一懷疑，頓時覺得司機的面目也不善起來了，這叫（他人）相由（我）心生，哈哈。好在天氣照樣晴朗，又想到就要告別里斯本，心裡有了種依依不捨。

　　不一會，司機停了車，我還沒反應過來，他說：到了。我抬頭，並不很熟悉，因為我抵達里斯本時是午夜，但確實是機場。

　　司機看了看計程表，說：9.2 歐元，我有點意外，因為他要的錢數比說好的低。自己顯然以「摩」（洛哥）之心度「葡」（萄牙）之腹了。一陣歉意和感動，我拿出 10 歐元，不讓他找零。那一時刻，里斯本的燦爛陽光不僅灑落在我身上，更照進了我心頭。

第三十六章 伊甸園般的童話小城辛特拉

　　辛特拉位於里斯本西 20 公里，坐火車 40 分鐘可達。它是一座雄偉群山腳下的古城。

　　西元前 2 世紀羅馬人來過這裡；穆斯林時代的 8-11 世紀，辛特拉開始出名；13 世紀後半期，辛特拉成為寺院和皇家勝地；14 世紀，國王若昂一世（John I）在這裡建造了夏天行宮；18 世紀末開始，富商貴族也紛紛在此建造別墅；西班牙統治時期，朝廷遺棄了辛特拉；19 世紀，國王斐迪南二世（Ferdinand II）將當地最大的修道院改造成了佩納宮，王室回遷，辛特拉再次興旺起來。

　　辛特拉依山靠洋，植被茂盛，空氣新鮮，風和日麗。國外引進的樹種與本地樹木混合栽種，將眾多的建築如皇宮、教堂、修道院、別墅等，簇擁在花木園林之中，有摩爾式、哥特式、穆迪紮爾式、曼紐爾式、巴羅克式和義大利式等，構建得與周圍環境渾然一體。

　　優越的地理條件吸引著富人和藝術家們的投資和移居，這裡成為第一塊雲集歐洲浪漫主義建築的土地，當代美侖美奐的浪漫小城辛特拉開始形成。

　　獨特的景觀以巍峨的山勢為倚托，有清淡的花香作伴隨，不同建築風格融匯一處。所有這些代表著一種新浪漫主義的設計思想，

▲圖 36-1 俯視美麗的辛特拉。

影響深遠。異國情調顯示了外來文化佔領下，不同文化形態的和平相處和兼收並蓄，提示著人們這裡的歷史變幻與昔日崢嶸。

我首先去佩納宮，那個與德國新天鵝堡齊名的歐洲十大最浪漫城堡。它的歷史始於中世紀末，最早是獻給聖母佩納（Our Lady of Pena）的教堂。15 世紀末，若昂二世（John II）和他的繼任者曼努埃爾一世（Manuel I）先後到此朝拜，都很喜歡這個聖所，後者並下令新建了修道院。以後數百年間，佩納一直是個安靜的修道之地，最多時有 18 名僧人。

18 世紀修道院被雷擊損壞，1755 年里斯本大地震更使之變成廢墟。令人驚訝的是，它的大理石和雪花石膏部分卻仍能挺立。其後幾十年，廢墟依舊。直到 1838 年，斐迪南二世收購修道院和摩爾人

▲圖 36-2 佩納宮第二道大門上方的斐迪南二世紋章。

城堡，將這一帶改造成了宮殿園林，用作王室的夏宮。

國王因為鍾愛德國浪漫主義，便把改造任務交給了德國人威廉・路德維希・馮・埃施韋格（Wilhelm Ludwig von Eschwege）男爵。有意思的是，此人是位將軍，建築設計只是愛好。不過他遊歷廣泛，熟悉萊茵河畔的著名城堡，結果使將軍流芳百世的，並非其職業，而是其愛好，哈哈。

建築始建於 1842 年間，1847 年基本完成。整個過程中，國王和女王對於設計屢加干預，比如要求拱門拱頂含有中世紀和

▲圖 36-3 斐迪南二世參與設計的宮殿大門及其半人半魚大海衛士雕塑。

伊斯蘭元素，還親自設計了正面一個精美華麗的窗戶。

斐迪南二世去世後，宮殿傳給了他的第二任妻子，後被新國王路易士一世（Louis I）收回，由私人擁有改為國家的資產，此後常被王室使用。1910 年共和革命後，它被改造成博物館。末代皇后瑪麗亞 · 阿梅莉亞（Maria Amelia）流亡海外前，曾在這裡度過了她的最後一個夜晚。

▲圖 36-4 俯視第二道大門及門前小廣場庭院。

隨著時間的推移，宮殿成為葡萄牙最著名的古跡之一。多年來，外牆幾乎完全褪了色，所以人們一直以為宮殿原來就是灰色的。直到 20 世紀末，宮殿重新粉刷，恢復了城堡原來的黃色、紅色、紫色、灰色，葡萄牙人才恍然大悟：竟然不知道自己的國寶級宮殿曾經是如此的多彩多姿。

佩納宮強調的是浪漫主義的異國情調，表現形式極為豐富。設計者故意將各種不拘一格的風格混合在一起，有新哥特式、新曼努埃爾式、伊斯蘭和新文藝復興風格等，也包括葡萄牙風格，象著名的貝倫塔也用作過參照。所以，觀賞佩納宮，見證的是眾多浪漫主義和異國情調的集成。

▼圖 36-5 佩納宮中原先的修道院就在後面紅色鐘樓處。

　　其中「曼努埃爾」式是 15-16 世紀葡萄牙發展海權而反映在藝術和建築上的一種獨特風格，以當時的國王曼努埃爾命名。

▲圖 36-6 佩納宮正面全景圖。

　　浪漫主義時尚反映在內部設計上，則是引進了舒適、親密、隱私等新潮觀念。這些創意和時尚迎合了當時經濟上強大的貴族資產階級。他們喜歡革新住宅的佈局，在室內空間的大小和隔斷方面，更講究通風和自然採光以利健康，減小房間尺寸以強調隱私。遺憾的是，佩納宮的內部房間大部分不對外開放。

　　去佩納宮可乘辛特拉本地公共汽車 434 線，起點在辛特拉火車站附件的拐角處。里斯本卡（Lisbon Card）不能用，車票 5 歐，包來回，中途可免費下車再上一次。佩納宮門票 11 歐，憑里斯本卡可優惠為 9 歐。

　　我去的第二個景點是摩爾人城堡，它離佩納宮僅一站路之遙，與佩納宮隔坡相望，在山間步行幾分鐘也可到。1147 年基督教的葡萄牙軍隊攻佔里斯本之後，該城堡的摩爾人投降。1910年，摩爾人城堡被列為葡萄牙國家古跡。

　　去摩爾人城堡的遊人比佩納宮少很多。山徑冷清，山風強勁，一些設施已經破敗，我感到了荒涼，真是名副其實的遺址了。我上上下下走了一遍就下來了。沿途有一些文字介紹，講述著當年摩爾人在這裡的故事，幸好歷史上這裡沒有流血殺戮

的記錄。

辛特拉市府廣場是小城的中心，狹窄曲折的街道由此向林木茂密的郊外輻射。許多小花園、小別墅、小廣場散佈鑲坎其中。市裡大街小巷多帶有臺階，便於市民登山。在城裡行走，就象遊逛一個大公園，別墅宮殿教堂等建築一般都被圍攏在花木樹叢之中。人類文明和諧謙卑地隱融於大自然，這正是辛特拉風景文化類世界遺產的特色。

到了晚餐時間，我在火車站附近找到了一家中餐館。進門後，堂面很大，只有兩位老外在門邊一桌上用餐。靠裡坐著二女，年輕的那位美眉迎上來。我沒看菜譜，只說：中國人來此最愛吃的是哪個，我就要哪個。她說：那就牛肉麵吧。說罷她讓我到裡面坐，年長的大姐進廚房去

▲圖36-7 摩爾人城堡最高點山風非常強勁。

了，美眉就在我桌對面坐下，說起話來。

她告訴我，父母來自溫州，淡季到，回中國老家了，餐館

▲圖36-8 這個中餐館是溫州夫婦艱苦創業的結晶。

交由她管。這裡旺季生意極好極忙，淡季就冷清了。聊著聊著，大姐端來了牛肉麵，我嘗了一口，很鮮，起身要去謝謝。美眉說：她聽不見，又說：那是她姐姐，聾而啞。我驚訝，姐妹倆的年齡，膚色，容貌，氣質，看上去差別實在太大。

等我邊吃邊聊，吃完結帳時，靠窗戶的老外早已離開，堂裡沒有客人了。美眉讓姐姐回家去，我說：再有客人來，誰炒菜呢？她說：我也會對付。她還告訴我姐姐懷孕了。我說：我想坐一會再走，可以嗎？她說：離關門還有好一會兒，你就坐著好了。

美眉告訴我，在辛特拉居住謀生的中國人少，里斯本那裡

多。這裡沒有中國超市，只有家雜貨店。她說她 18 歲，中學算是完成了，但無上大學的打算。看來就準備嫁個金龜婿，或是父業女承了。我想說，年輕時上大學很重要，不為學歷知識，也為訓練一生好學的經歷，但我沒說出來。這一家漂洋過海，走的是自己的路。人和人為什麼要一樣呢？

天黑後我走了，臨走我給她拍了幾張照。這是個美麗單純可愛能幹的女孩。在回里斯本的火車裡，回味她的一家飄零，掂念萍水相逢的一刻，在我雲遊世界的心碑上，從此記下了童話小城美麗天使的一筆。

無論是在身邊還是出遊，有緣相識相遇的人們，有血有肉的每一個故事，或大或小，都可以是自己的人生參照。就象座標參照系裡的一個個點，密密麻麻地日積月累，沿著時間軸線，遲早會顯現不同人生際遇的軌跡圖及其內涵：高低峰值，曲折半徑；變化率，加速度；高階導數，圓潤順滑係數……人性人心相通，所以我們會感受感慨他人；人生無常有序，所以我們能參考啟迪自己。

▶圖 36-9 童話小城辛特拉的美麗小天使。

第三十七章 神秘的烏蘭巴托

2014 年我離開西伯利亞進入中國大陸之前，經過蒙古（Mongolia）首都烏蘭巴托（Ulaanbaatar）並作停留。

曾有媒體稱烏蘭巴托為世上最單調城市。儘管誇張，卻也反映出它矛盾而神秘的部分事實。還有一位作家說過，烏蘭巴托是需要努力才能瞭解的城市。

一方面，以烏蘭巴托為首都的蒙古，是世界上面積第 17 大的國家，也是僅次於哈薩克斯坦（Kazakhstan）的世界第二大內陸國家。它的交通很不發達，一出烏蘭巴托便幾乎沒有現代交通工具可用。它又是地球上最寒冷的首都，年平均為零度以下，一月和二月更是低達 -15℃ 到 -30℃。2013 年它還被列為世界上第二個污染最嚴重的城市，僅次於伊朗的阿瓦士（Alvaz）。

另一方面，蒙古又是一個美麗和熱情好客的國家，烏蘭巴托也是一座濃郁草原風貌的現代城市。它的人口中三十歲以下年輕人比例高達 70%，是世界上最年輕的城市之一。它的現代化進程正在一步步煥發出活力，所以近年來，來烏蘭巴托的世界各地遊客開始多了起來。

我坐在莫斯科至北京的東方列車上時，就遇到了不少去烏蘭巴托的歐洲遊客，他們計畫逗留三天五天，甚至十天半個月。當然，五天以上的，他們通常還會去蒙古的其他地方。

我的火車到達時，是清晨 5:40。街上黑黑靜靜，沒有行人，也沒有車輛，更沒有計程車。好在街道橫平豎直，去旅館不到二公里，我決定步行去找，結果 30 多分鐘天微亮時刻就到了。

夜行一路並未覺得任何不安全。快到主街和平大道時，遇到一對青年男女，我用英文問話，他們搖頭，No English 的意思。

我開始體會到，這裡懂英語的確實不多，包括年輕人。

一人夜「闖」烏蘭巴托，在空蕩蕩的大街上我拍下了幾棟高樓建築。原先沒有期待烏蘭巴托有多少大廈，所以乍看到大樓便覺新鮮。後來發現，其實市裡樓房不少。

我在烏蘭巴托停留了一天一夜。

▲圖 37-1 夜色中的烏蘭巴托。

整個城市不大，景點也算集中。四個主要景點是：甘丹寺（Gandan Temple），喬金喇嘛寺院（Choijin Lama Monastery），柏格汗博物館（Bogd Kahn Museum），以及蘇赫巴托廣場（Sukhbaatar Square），外加著名的和平大道（Peace Avenue）。

到達旅館並早餐之後，我步行從西向東，由北往南，一天時間便走遍了大半個城市。走馬觀花下來，感覺烏蘭巴托比想像中要熱鬧和繁華。

歷史上的蒙古，從 12 世紀開始接觸藏傳佛教，16 世紀完全接受成為其主要宗教。藏傳佛教的哲布尊丹巴（Jebtsundampa）即活佛，是聖賢尊者的意思。在 20 世紀初，當時的哲布尊丹巴一度成為柏格汗（Bogd Khan）即蒙古皇帝。和柏格汗博物館的工作人員聊天時，她告訴我蒙古人 80% 信教。

甘丹寺

甘丹寺是烏蘭巴托排名第一的景點，紀念曾獲柏格汗稱號

的第八世、也是最後一世的哲布尊丹巴。

　　甘丹寺的藏文意思是「完整歡樂之地」。它最早是第五世哲布尊丹巴於 1809 年開建的一座小廟，當時還建有一個私人住宅，現在那小廟只剩一個木頭柱子了。

　　真正的甘丹寺建於 1838 年，就在那私人住宅旁邊。十三世達賴喇嘛於 1904 年來訪時，曾下榻於此私宅。1925 年還修建了保存有第八世哲布尊丹巴遺體的最後一座寺廟，現在它是個修道院圖書館。

▲圖 37-2 甘丹寺大門汽車都可以進出。

▲圖 37-3 甘丹寺主寺廟氣宇軒昂。

　　20 世紀 30 年代，蒙古的喬巴山共產黨政府在史達林影響下，摧毀了蒙古幾乎所有的寺廟，殺害了超過 15,000 名喇嘛。甘丹寺雖躲過了浩劫，寺內的巨型大佛雕像還是被毀，直到 90 年代才重建。

　　那座大佛雕像名叫 Migjid Janraisig，也稱千手觀音。它原建於 1913 年，是銅鑄，高 26 米多。現存的是 1996 年重建的，由二千多塊珍貴的石頭以及鍍金金箔建成，由民間資助，它現在是信徒的主要祈禱地。

▲圖 37-4 甘丹寺主寺廟裡面的巨佛雕像有 26 米高。

我的旅館就在甘丹寺附近，走走就到，所以那天去了兩次。上午去門口有人售票，下午晚飯前我又去溜達，沒人守門了，我便一直往裡走。一個像大陸「街道委員會」似的老大媽攔住我，指給我看售票處寫的門票價錢，意思是要我買票。我說：人呢？老大媽圍著小房轉了一圈，門鎖著，便快快地走了。

喬金喇嘛寺院

喬金喇嘛寺院在巿中心一帶，1904 年始建，1908 年完成。最初由蒙古末代大汗（第八世哲布尊丹巴）的兄弟佔用，1938 年共產黨政府將之改為博物館。現在是一個蒙古佛教歷史及藝術的綜合博物館，藏品都是上世紀的文化瑰寶。

寺院內共有四座廟宇。

第一個是主寺廟，有釋迦牟尼的 18 世紀鍍金雕像。它右邊是當年那個喬金喇嘛大汗的雕像，左邊是其老師的防腐處理過的屍體。

第二個是本尊寺，原是大汗祈告的地方，不對外開放。據說裡面有一個著名的印度 84 瑜伽師之一的鍍金青銅雕塑，還有描繪幾個密宗神及其象徵性權力和力量的圖像。

第三個稱和平的殿堂，奉的是蒙古第一個投胎轉世的活佛。

最後一個無名寺，內有宗教樂器、唐卡繪畫、柏格汗從西藏帶來的上百卷甘珠爾（Kangyur）和丹珠爾（Tengyur）副本，以及宗教舞蹈面具等。

唐卡是在棉或絲貼花上的一種繪畫，描述佛教的神明和活動場景。甘珠爾和丹珠爾則是藏傳佛教各類各派的經文清單。

▲圖 37-5 喬金喇嘛寺正大門。

在寺廟周圍，遺留著一些當年的蒙古包，反映了烏蘭巴托尚存的草原風貌。院裡還有當年喬金喇嘛舉行儀式的中心廣場，但由於不再有宗教活動，這裡早已人去草生，衰敗之象畢露了。

柏格汗博物館

柏格汗博物館又稱冬宮，在市中心南約 2 公里，由蒙古建築師建於 1893 至 1903 年間，是蒙古王的宮殿。最後一個柏格汗死後，改為蒙古的第一個全國歷史博物館。

18 世紀後期，蒙古人選定烏蘭巴托為永久首都，開始修建宮殿和住宅，最出名的就是夏宮、冬宮、潘德楞宮（Pandelin Palace）等，現在只剩下了冬宮。

博物館的收藏廣含 17 世紀至 20 世紀初蒙古的政治、宗教和藝術歷史，有著名藝術家和工匠創作的青銅鑄件、絲綢畫、礦

物原料繪畫等，也有第一世
哲布尊丹巴和末代活佛擁有
及使用過的物品，還有國內
外賓客所贈的禮品等。

▲圖 37-6 柏格汗博物館前方是雄偉
的蒙漢式牌樓。

蘇赫巴托廣場

烏蘭巴托最吸引我的是
蘇赫巴托廣場，那裡有成吉思汗（Chinggis Khan）雕像。

廣場原是蘇赫巴托的墓地，埋葬著兩位原領導人蘇赫巴托
和喬巴山。2005 年墓地拆遷，在成吉思汗加冕 800 周年的 2006
年之前完成了改建。

蘇赫巴托是 1921 年蒙古革命建立君主立憲制的英雄，號
稱蒙古革命之父。蘇赫巴托在蒙古語中有「斧的英雄」（Axe
Hero）之意。

▲圖 37-7 位於市中心的蘇赫巴托廣場。

新政府成立之初出現過政權不穩和反共陰謀的傳聞，多名喇嘛被指控勾結國內外敵人被處決。1923 年初，政府懷疑有政變陰謀，警戒狀態下過於疲憊的蘇赫巴托在 2 月 14 日病倒，20日去世。

在喬巴山年代，曾有蘇赫巴托是中毒而亡的陰謀論出現，但官方一直沒有明確說明死因，陰謀論在蒙古仍有市場。

廣場上聳立著蘇赫巴托的騎馬雕像，其位置選擇大有講究。據說 1921 年 7 月 8 日紅軍聚會時，蘇赫巴托的坐騎在此撒了泡尿，被蒙古人認為是一大吉兆。

▲圖 37-8 廣場南邊蒙古革命之父蘇赫巴托的騎馬雕像。

廣場北端是議會大廈，大廈廳前有成吉思汗的坐像，兩邊是開國四傑中的大將軍木華黎（Muqali）和博爾術（Bo'orchu）的騎馬雕像。木華黎奴隸出身，蒙古國磊將，以沉毅多智、雄勇善戰著稱，追隨大汗三十年，無役不從。博爾術是開國四傑之首，曾相助少年成吉思汗奪回被盜的愛馬，最早加入蒙古軍，參加統一蒙古諸多戰爭，善戰知兵，多立戰功。成吉思汗元年，

▲圖 37-9 議會大廈前的大將
軍木華黎騎馬雕像。

▲圖 37-10 議會大廈前的大
將軍博爾術騎馬雕像。

他倆被分別命為左、右萬戶侯。這兩個雕像精緻細膩，又氣宇軒昂。

蘇赫巴托廣場也是一個溫馨和諧的休閒去處。當地平民在這裡小坐，閒逛，或租車玩耍。天空很藍，沒有期待中的大氣污染的感覺。

和平大道

和平大道橫穿中心廣場，是烏蘭巴托最主要的街道，現代化的進程在這裡開始呈現。

大街上的商家標牌有三種文字，顯得混亂。那種「蜈蚣站立」式草書體，屬於傳統蒙古文，公共場合並不多見。英文用得很多，但會講英文的行人卻基本沒有碰到。使用最多的是西瑞爾（Cyrillic）字母拼寫的蒙文，它又稱斯拉夫字母，與俄文字母同宗。

其實蒙文也有用羅馬字母拼寫的，比如「Ulan Bator」代表烏蘭巴托，就是羅馬字母，但它不如 35 個字母的西瑞爾字母更接近蒙文的發音，所以新近改成了 Ulaanbaatar，反倒不習慣了。這裡的重複字母 aa，通常表示長音。蒙文中發音長短很重要，代表的意思不同，羅馬字母拼音就無法表達得那麼貼切了。

蒙古神秘的國度正在開放大門，走向世界。蒙古年輕人也開始公開表達浪漫，大街上居然也出現了表達愛情忠貞的同心鎖，雖然鎖還不多，表示這裡還只是初級階段，一切正在剛剛開始。

去柏格汗博物館途中，曾遇到一群瘋狂的哈雷車飆客，後來在中心廣場果然見到他們轟轟烈烈呼嘯而過，給這個單調城

▼圖 37-12 一大批軍人在廣場集結，這是蒙古女兵。

▲圖 37-11 議會大廈前成吉思汗坐像具有一代天驕的端莊大氣。　▲圖 37-13 蘇赫巴托廣場上青少年二人同騎的溫馨一幕。

市帶來了激情與瘋狂。在他們出發前的集會現場，我遇到了一位自稱紐約來的報社記者，「老鄉」天涯偶遇，別有一番滋味。

烏蘭巴托並不像媒體說的污染那麼嚴重，至少我沒有遇到。

一天下來，我的烏蘭巴托之行儘管短暫、語言不通，卻依然能感受到人們的熱情與好客，並沒有傳說中對中國人的不友好。我所在家庭旅館主人一家，不但為我介紹情況，講解景點，還為我烹飪蒙古風的早晚兩餐，滿足我的好奇，帶給我以方便。

主人有兩個孩子，大女兒在美國商學院讀書，兩口子幾周後將赴美探親，屆時小兒子將替他們照看旅館業務。

他為我做的蒙古風味早餐，與中國的差別不大。蔥炸羊肉條，乾炸土豆絲，外加一小碗珍珠奶茶，還有乾奶酪和黑麵包。

　　女主人則為我準備了晚餐。一碟蒙古的菜（羊）肉包子，「燙麵」的，堅韌又實誠，很有嚼頭，我喜歡。另一碟是菜肉稀飯，有胡蘿蔔、白米、羊肉，還有一點小米。

　　在烏蘭巴托那一天一夜的經歷，我好像不是在孤跡天涯，而是在朋友家作客。

　　有一位作家說過，如果不努力去熟悉瞭解烏蘭巴托，它確

▲圖 37-14 烏蘭巴托大街上的同心鎖街景裝飾。

▲圖 37-15 大街上與俄語同宗的西瑞爾字母標牌，遠多於蜈蚣站立式的傳統蒙文。

實不是那種隨意而來，漫不經心的遊客所能輕易知曉和瞭解的。

　　告別烏蘭巴托時，我來去乘坐的是同一班車。5:40AM 從西抵達，第二天早晨 7:15 AM 向東離開。和俄羅斯類似，蒙古火車停站的時間也比較長。

　　神秘的烏蘭巴托留給我的是溫馨和美好。

▲圖 37-16 外國資本開始進入傳統草原風貌的老都市，現代化建築正在不斷出現。

◀圖 37-17 哈雷飆車一族在聚會。

▲圖 37-18 熱情好客的烏蘭巴托家庭旅店主人為我準備早餐。

▲圖 37-19 男主人為我做的蒙古風味早餐與中國的差別不大。

▲圖 37-20 我的旅館臥室。

▲圖 37-21 臥室牆上的懸掛畫下方帶著電線，是個加熱小掛毯。

萍水相逢篇

天涯海角，萍水相逢。人若有緣，情留心中。

第三十八章 火車上的希臘美女

電影經典名作《魂斷藍橋》(Waterloo Bridge) 的結局盪氣迴腸令人唏噓,但激情過後細想,真正留我心中的,卻是前戲裡的一段話。

當時女主角瑪拉（Myra）為芭蕾舞團裡的事憂鬱,男主角羅伊（Roy）卻對她說:生活是美好的。他說:你看,我們有緣相遇,現在又在一起聊天,而且彼此敞開心扉,這一切難道不美好嗎?

這是說:生活的美好,有時需要去感受和發現。

旅遊中也有一種境界,需要去感受和發現,那就是萍水相逢中的人情互動和心靈觸碰。那種他鄉遇新知的溫馨和「不帶走雲彩」的瀟灑,是無論古今,不分中外的。

那一年,我在火車上和一希臘女孩偶遇同行。在短短三個多鐘頭裡,一路聊開,天南地北。一段小小的浪漫,一次美好的親體驗。

那是 2006 年 11 月初。我從雅典去北部馬其頓（Macedonia）區的首都,希臘第二大城市塞薩洛尼基。

這是趟快車,全程六個多小時,始發對號。我的座位靠窗,鄰座和對面是兩位老者,斜對座就是那個姑娘。

第一眼看到她,一身綠色非常醒目,但沒太注意她的容貌。火車開動後,我招呼鄰座,才知道兩位老人不會英語。她用英文回應我,話逐漸多起來。她一說話露出笑容。我才發現是個大美女。

▲圖 38-1 希臘美女低頭的神態也優雅。

她告訴我她大學畢業不久，現在是旅遊嚮導，改專業了。她解釋說：工作不好找，希臘大學畢業就業率大約三成，有工作就不錯了。話中帶著無奈。

她英文很好。她告訴我，希臘學校有交換學生的 Program，可以選擇到歐洲國家學習。她去的是德國，在那裡進一步提高了外語。她老家在希臘中部，中途會下車。

我告訴她我來旅遊，她問我去了哪些地方？去馬其頓不打算去那裡的阿陀斯山嗎？那是比米特奧拉修道院名氣更大的希臘聖山。我說我對那個地方不熟，沒作準備，希臘要看的地方太多了。她接過話說：我們窮，但很漂亮。這句話她說了不止一次，顯出自信與自豪，是我在希臘聽到的印象最深的一句話。

我由衷讚賞她的美麗，說：你很漂亮，她笑。我又說：你可以當模特，拍廣告，她搖頭。我說：我

▲圖 38-2 希臘女神朝我微笑並默許我拍照，我卻很不爭氣沒有拍好。

給你拍個照吧，她又笑。我趕緊拿出傻瓜機抓拍，但不知為何拍抖了。我放下相機，她伸手接過相機說：我也給你拍一張。於是有了那張珍貴的紀念照。

知道我從美國來，她問起移民的一些問題，眼神純真誠懇，令人憐香惜玉。我說，美國作為移民國家，外來民族的機會也

很多。雷根總統說過：人們可以移民到德國，移民到日本……但不會成為德國人，日本人……世界上只有美國，你能移民而成為美國人，因為美國建國就是個移民國家。這是個自由和機會的國度。我開玩笑說，假如我碰上「這方面」的人，我會向他們推薦你，我指的是商業模特廣告。

火車輕快飛跑，我們娓娓而聊。沒有咖啡沒有酒，清水之交無勝有。鄰座的乘客換了人，過了山崗過城鎮。時間不知不覺飛快過去。

當物理的碰撞引發化學的反應時，那種心照不宣的靈犀和沁入心扉的快意，真是悠然心會，妙處難與君說。

三個多鐘頭後她在拉裡莎（Larisa）下車，我站起身和她告別。我從窗口看著她遠去，盼著她回頭。車子重新啟動。那一身綠色逐漸消失。

她一直沒有回頭，我也好久沒有回神。
因為我忘不了她帶給我的美妙時刻。

生活多美好！

第三十九章 博斯普魯斯海峽英雄救美

2006 年 11 月 5 日，我在伊斯坦布爾的最後一天。晚上去布加勒斯特的火車票已經買好，白天就去遊博斯普魯斯海峽。

最有名的遊輪之旅（Cruise Tour）實際是個輪渡，可容幾百人。從伊斯坦布爾的艾敏努（Eminonu）碼頭出發，依次停靠兩岸的七、八個碼頭，在歐亞兩大洲間以「之」字形北上，最後抵達黑海邊。中午休息幾

▲圖 39-1 博斯普魯斯海峽遊輪的一角。

小時後，下午約 3 點從原路返航。往返船票 7 新土耳其里拉 YTL（Yeni Türk Lirası），約 5 美元。

碼頭陽光璨爛。登船的有旅遊團隊，背包散客，也有當地居民。10 點多，汽笛長鳴，船員鬆開纜繩，起航了。

▲圖 39-2 遊輪駛離伊斯坦布爾。

大多遊客都跑到甲板上。在金色的陽光下，只見天藍海碧，波濤壯闊，海風陣陣撲面，船兒奮力破浪。

伊斯布爾坦大氣，斯普魯斯博偉名。
波濤掀翻千古事，激起男兒萬丈情。

我在甲板上轉悠、觀景、拍照。船上中國面孔不少，中國

▲圖 39-3 博斯普魯斯海峽西岸是歐洲。

▲圖 39-4 博斯普魯斯海峽東岸是亞洲。

話時有耳聞。遊輪駛過博斯普魯斯海峽大橋後，我收起相機，回到船艙。

有十來個中國面孔散坐在一邊閒聊，時而傳來「儂」和「阿拉」聲。我走過去打招呼，他們都二、三十歲左右。我在一位男「阿拉」旁坐下，問他：阿拉上海寧？他說：阿拉上海寧！哇！真是黃埔江畔來的。

他來自雅虎中國上海部，這次邀請全國十幾個廣告客戶旅遊。游完博斯普魯斯海峽後，明天將南下去土耳其的另一著名景點伊茲密爾（Izmir），然後回國。

▲圖 39-5 海峽沿岸景觀。

▲圖 39-6 駛近橫跨歐亞的海峽大橋。

　　遊輪在停停靠靠中前行。11 點多，船停靠西岸最後一個碼頭 Rumeli Kavagi，雅虎團要下船了。大家起身，我給那位「阿拉」兄弟拍了張照。他們徐徐下船，我在一旁揮手告別。

　　阿拉上海寧，人瘦骨精靈。
　　瀟灑海峽游，平安好覆命。

　　就在船員收起纜繩準備起航的瞬間，身後忽然傳來叫聲：哎呀！～～這時船身已經離岸，雅虎團那十來人都轉過頭來，不由一驚：團裡有一人沒下船。

　　那是個小個子美眉，臉色難看，不知所措。雅虎團的土耳其女導遊立即上前呼叫船員幫忙。我也叫船員：停船！停船！通知船長停船！

　　船員說：晚了，船已開動，不能停了。

　　我轉身對那美眉說：跳船！跳船！快跳過去！

　　她不動。其實，我也知道跳不過去，更不敢跳，除非抱起她使勁扔上岸去？！

　　人的 CPU 還在轉，船已離岸越來越遠，真的晚了。事情來得突然，小美眉落難了。

　　她說她不會英文，我便轉告給船員：她是那個團的，錯過了下船，請幫助安排她回來，船員點頭。我把我對船員所說的告訴了她，小美眉默默轉身走開。

▲圖 39-7 雅虎旅遊團的上海男阿拉下船前留念。

船繼續前行。下一站是終點，東岸的漁村 Anadolu Kavagi。這是一個黑海邊的著名景點，山頭古堡俯瞰博斯普魯斯海峽和黑海，歷來是兵家必爭之地。

▲圖 39-8 船離岸小美眉落難瞬間，岸上是雅虎團和當地女導遊。

到達終點時沒見到美眉，倒是又碰到了收纜繩的船員，我便又叮嚀了幾句，請別忘了幫幫那個 Chinese Girl，他說：OK，OK。

我上岸後，打算先去爬山頭古堡。這時背後有人叫我：哎～～我轉身，正是那個美眉。她臉色好點了，說：我能跟你在一起嗎？我點點頭：好吧。

不久我就有點猶豫。上山前牆上有個地圖，看上去古堡挺大，像個公園。我兜裡所剩 10YTL 只計畫兩頓飯的，若收門票，帶著她只怕我是進不去了。

我開始問她怎麼會掉隊？她說團裡人來自不同公司，本來就互不認識。那為什麼不待在一起呢？她說在一邊寫日記呢。呵，好動腦動筆的美眉。

我說：你不是愛記事嗎？今天的經歷肯定比你平常的一天要精彩，值得你大書特書，回味無窮。我有經驗，也有預感：你這次結局一定會有驚無險，信不信？再坐這班船回去就是了，不用急的。「麵包會有的，辦法也會有的，一切都會好的」說著，

她露出了笑容。

我問她是否知道旅遊團今天的計畫？她說好像是在那邊先登山，再午餐，不回伊斯坦布爾了。我說，看來他們會在那邊等你，因為導遊知道這裡的回程航班，我們到時候設法和他們聯繫。

我沒說的是：萬一他們不等，還可找當局或中領館。只是我今晚要走，得托別人了。

她告訴我，她 26 歲，山東海洋學院畢業，成績不太好，也不愛上學，現在北京公司改行做市場（Marketing）。嗯，實話實說。

她問我：你哪裡來？幹什麼的？哪個學校畢業？怎麼一個人出門？多大歲數了？哈，恢復自信了，Defense 轉 Offense。

我說：你的問題，有的我喜歡別人問，有的我不喜歡回答，你猜吧。她哼哼唧唧猜半天，我問她猜的根據是什麼，她又膩膩歪歪了一通。我最後說：好吧，差不多了。我太太不好動，身體也弱，所以非發達國家一般都不去的。我說：你的猜測和分析倒不像是學習不好的那類人。

上山時，她說她好動，愛爬山。這次離北京前還和朋友爬香山了。我說我愛山也愛水，我還覺得孔子的「智者樂水，仁者樂山」應該反過來：大山深奧，是智者的挑戰；大海寬闊，是仁者的胸懷。不過，管它呢，反正我山水都愛，智仁兼備；既聰明能幹，又大好人

▲圖 39-9 山頭古堡附視博斯普魯斯海峽和黑海。

一枚，哈哈。

她也笑，說：你這是自我英雄主義。我說，我只是自我感覺良好而已。

乍一聽自我英雄主義時，我直覺是典型的（年輕人）詞彙堆積。後來一想，這裡也算得上恰到好處呢？難說。

我們上了山頭古堡，幸好沒要門票。我們在古堡前拍照，那古城堡俯視海峽與黑海的咽喉，從來就是兵家必爭之地。

巍巍古堡山，歷歷兵家吟。
錚錚男子骨，涓涓兒女情。

我們也在海峽和黑海交匯處留影。我讓她幫我同時拍下黑海和海峽，第一張不滿意。我說，黑海和海峽是入鏡了，但沒顯出是交匯處，取景應移中，她馬上明白了。第二次就成功，我謝謝她。

藍天通海峽，黑海聯歐亞。
茫茫天地間，冷眼看天下。

時間過得很快，該下山吃飯了。

半山腰處有幾個石頭臺階不同尋常地漆成綠色，下山時她注意到了，讓我替她作背景留影，說：我愛綠色，你呢？你喜歡什麼顏色？我說：難說。我愛藍色的天和藍色的海，但我不喜歡藍色汽車。

她看著我為她拍的照片，說：我發現你的取景真的很棒耶。嘿，嘴挺甜。

我問她想吃什麼？她說都行。於是去吃刀削羊肉絲裹在中

▲圖 39-10 海峽與黑海交匯處就在前方不遠處。

東餅裡那種。她說北京也有，好吃。5YTL 夠買兩個了，行，就是它了。吃到一半時，我說：抱歉，沒錢給你買水了，總共只剩 10 個 YTL，還得包括晚飯。我掏出那張 10YTL 給她看。她好奇地抓過去：這就是土耳其的錢幣啊，說：不用買水，我帶了。又說：我有美元，給你。真拿出 Greenback 來了，我擺擺手。

我們就在店裡坐著邊吃邊聊，肉餅吃得很慢，時間過得很快。

我問：剛才在山上我拍你的照了嗎？她說：你一小段錄影中

▲圖 39-11 午餐中的小美眉恢復了自信和快樂。

有我，照片沒有。我說：那再給你拍張照吧，她說：好。就端起盤子，鼓著嘴巴來了一張笑臉照，沒了落難的影子。

落難美眉莫驚慌，恢復自信第一樁。
天雨天晴尋常事，直須心中有豔陽。

快兩點時，我說該走了，該去碼頭找人幫忙了。

碼頭有人，我們找到工作人員，要求送美眉去對岸，並問問對岸是否知道此事，是否也在找她。他們滿口答應。

不一會兒，來了一位年輕的土耳其軍人，說：碼頭上的人告訴他，兩點半左右有一班短線小船去對岸。他說：請相信我，我一定安全負責地把你的朋友護送到對岸。哇！我們太高興了，土耳其人辦事真沒說的。那年輕的士兵在我跟前筆直站立，一臉真誠。當時我真想還他一個致敬禮。我說：Thank you，I trust you。

那時還沒來得及想下一步：到了對岸怎麼辦？那邊聯繫上了嗎？不過很快來了好消息，辦公室來人找「Chinese Girl」，說是聯繫上了，現在是對岸中國人要美眉接電話。真的？！我們高興得快跳起來了！

幾分鐘後她走出辦公室，告訴我：團裡有人在對岸等她，就坐兩點半的小船，都安排好了。我說：那太好了。我看表，還有十來幾分鐘。她要走了，我有點落寞。

最後那約十分鐘裡，我們沒再說話，也沒在一起。她在窗邊掏本子了，我靠著牆。腦子基本空白，CPU 是 Standby。心中一絲惆悵，有點累了，我閉上眼。

小船那邊傳來動靜，我們走出去，可以上船了。那個軍人在招手，她轉過身來說：我想讓他給我們倆拍張照，你叫他過來。

這是我倆間的最後一句話。

我忽然回過神來，忙向那軍人招手：Come here ！ Come here ！軍人不知何事，但很快跑過來。於是便有了這珍貴的紀念。用她的相機拍完後，我遞上了我的相機：再來一張。

意識到是最後的時刻了，我不禁摟住了她的臂膀。我摟得很緊：像是要呵護，又像不願失去。

她也一定感受到了。在快門按下的瞬間，她頭倒向我前胸。帽沿的陰影下，是她那璨爛的笑容。

她終於走了。

▲圖 39-12 萍水相逢、分別瞬間的留念。

第四十章 旅遊性趣 遭遇性工作者

性和情，如同生與死，都是人文藝術的永恆主題。世界各地現實生活中的性行業和性交易的種種，也是我旅遊的一大好奇和「性」趣所在。我自己親身遭遇和見證過的，大概有如下幾種。

第一種是荷蘭阿姆斯特丹（Amsterdam）紅燈區的「櫥窗另售」式。這大概是世界上最大名鼎鼎的性交易方式了，我去了，我看了。

它的精華地段在兩座小橋之間，約百米間隔。從一座橋過去，再從第二座橋回來，正好轉一圈。我去的那夜小河兩岸人山人海，像個熱鬧的集市。性工作者在櫥窗裡面，身著暴露，濃裝豔抹，扭動肢體，捎姿撓首，擺出各種 Pose，朝行人擠眉弄眼。你上前按門鈴，她會本人親自來開門洽談。不過遊客大多是 Window Shopping，從頭到尾我只看到一位上前敲門說話的，最後也沒進去。那人說完後，我對太太說：我也去聊幾句？太太不讓。整條街上，也就那個女孩還能上眼。

有幾個老黑站在一邊朝一個櫥窗送飛吻，窗內的黑女也還飛吻，過過乾癮吧。我也看到一個好像是同胞的，畢竟東方人比較含蓄，她靜靜地坐在櫥窗內，看上去徐娘半老，瞧著有點淒涼。

遊客像在參觀動物園，簇擁著從一個個的櫥窗前走過，沒人駐足，沒人喧嘩。人們好像突然看到了既熟悉又陌生的另一個世界，表情微妙，空氣裡漂浮著一種詭異。往回走時，太太忽然拽住我，我回頭一看，河邊有一個高聳挺立的陽具雕塑，在一片夜黑燈紅中，透著「一柱擎天」的雄風豪氣。

　　第二種是保加利亞街頭的「仲介聯營」式。我在索菲亞鬧區維托莎大道上大白天遇到過一位西服革履的仲介，他會英文，以問時間為由等方式搭上話後，就遞上名片直奔主題：The most beautiful girls in Sofia。你若有意，接下去就是性交易細節了。我問了他幾個問題，包括合法性等，他的回答是肯定的，並且他們和旅館連營，名片背後有詳細說明。那次也算碰到了，知道了。

　　至於日本的性行業，我在美國居住地招雇過一位大陸來的老中修繕工朋友，福建的 General Contractor。有一次問起他「夫人」，他半玩笑地說：你問哪一個？原來他有兩個「夫人」，他在日本學習期間招過妓，他念茲在茲，謂之「日本夫人」。

　　另一位大陸國內朋友告訴我，他去日本官方考察時，看到過當地報紙上的女孩照片廣告，一通電話就可上門直銷，十分便捷。不過後來我自己去日本，從東京到日光、廉倉、箱根，直到中西部的名古屋、京都、奈良、大阪、廣島，都未親眼看到過此類報紙和廣告。

　　東京新宿紅燈區也是世界聞名的。我在著名的歌舞伎町一條街曾尋訪過兩個多小時，結果一無所獲，頗為意外。事後才知道，雖然色情在日本合法，真正的性交易即使在紅燈區也不會很招搖。專業的皮條客看到我身旁的太太，是斷斷不會上前來的。

　　巴黎北邊克裡希大道一帶也屬紅燈區，著名的紅磨坊就在那兒，是個夜總會集中地。那次我和太太參觀完聖心大教堂後，步行去了紅磨坊。買了當夜七點那場的門票後，就想在克裡希大道上看出點「名堂」來。那時是下午，什麼也沒有。天黑後的情景，是看完豔舞散場後才目睹的，已是晚十點多了，下一個夜場就要登臺。路上門前人山人海。我們急於趕地鐵回旅館，

顧不得看了。

後來才知道，巴黎真正的紅燈區是在紅磨坊不遠的皮加勒（Pigalle），即著名的皮加勒角（Quartier Pigalle）一帶，當地人鄙稱為「豬巷」（Pig Alley）。

我在美國的一位朋友，幾年前在義大利自駕遊。一次靠近羅馬的一個高速公路出口附近出現了堵車，車停停開開，前後耽誤了一個多小時。那時天沒黑，起初以為有交通事故，直到看到路邊出現一排辣妹，有的車會停下來和她們說話，談話有的長達十多分鐘，但後面的車都等得很耐心，沒有人鳴笛抱怨。結果有的把辣妹接上車就走了，我那個老中朋友看得目瞪口呆。

第三種是澳門葡京大酒店的「定點直銷」式。那次我回國，順道去了香港和澳門。澳門行的計畫中，有大三巴牌坊、葡京娛樂場、媽祖閣、鏡海長虹等，但我心中最好奇的，還是葡京大酒店和那裡傳說中的性服務。

那天我們到達時幾近中午。大酒店本身不算高大，但旁邊的鏡海長虹大橋入口處的景象倒很有氣勢。大酒店隨便進出，裡面人熙熙攘攘。我在找方位時，太太忽然拉了我一下，我順著她示意的方向看過去，大廳裡有一群女孩子圍在一起，像是在集合等什麼。她們看上去和空中小姐或酒店工作人員等沒什麼兩樣，年輕漂亮，舉止端莊，一色的淺藍制服，西服裙蓋過膝。我沒反應過來，太太卻悄聲說：妓女！

我將信將疑。因為那群人沒有濃抹豔裝，舉止也文靜大方，完全不同於西方那個行當的熱辣形象。我和太太慢慢從她們身旁走過，來來往往的人群裡，對她們也沒有多少好奇的目光。我們向左拐，去賭廳。

賭廳一樓就有，人不少，多為華人。我們裡外轉了轉，沒

240

有參賭。感覺這裡比美國的拉斯維加斯及大西洋賭城的氣魄和場面要小。

不到一小時我們走出賭廳。太太有點事，要上廁所，我就獨自去轉。約好一會兒在這裡會合。廁所就在賭廳對面，門邊有兩人倚牆說話，一男一女。我瞄了一眼，男的中年，眼紅肉橫，女孩二十多，淺藍制服！兩人神態曖昧目光閃爍，我猜想那就是在談交易呢，要不就是「乾吃豆腐」的伎倆。

我走向大門大廳，那群女孩已經不在了，我漫無目標地泆泆踱步。時間很快過去，我開始往回走。

忽然，一個細細柔柔的聲音，像從遠處飄來：先生～～。我一定神，好像就在身旁。又一聲：先生～～是南方口音、拖音很長很嗲的那種。我側頭，一個女孩出現在我右側，幾乎挨著我肩後部了！身材不高，但五官端正，一臉清純，又是淺藍制服！她看著我，輕聲說：先生……需要服務嗎？我一時沒反應。她又說：先生……我可以為您服務嗎？語音平靜，態度懇切。我明白了！卻很有點意外的感覺，很難相信就是眼前的這個女孩，她看上去和鄰家女孩沒什麼兩樣！

我微微搖頭，沒說什麼。我繼續朝前走，但走得慢了，因為不想顯得粗魯斷然，不想傷害她的自尊。她跟著我走，過一小會兒，會再輕輕說一聲：先生……那一刻，我有種說不出的感覺，好像我們都發生了身份和心靈的錯亂錯位：鄰家女孩，性工作者？！憐香惜玉，冰水冷漠？！……現代西方的性訴諸於人的「赤果果」肉欲，傳統東方的內斂含蓄滲透到這古老的行業，則似乎兼顧了人性的靈與肉？

我看到前面的太太了，她在朝我招手，我也招手回應。我並沒有注意到，身邊的女孩到底是何時走開的。

▲圖 40-1 著名的紅燈區就在阿姆斯特丹火車站附近。

▲圖 40-2 保加利亞首都索菲亞的維托莎大道，往南不遠就是鬧區，大白天遇到了衣冠楚楚的皮條客。

▲圖 40-3 日本東京新宿著名的歌舞伎町一帶夜景。

▲圖 40-4 在大名鼎鼎的葡京大酒店裡遭遇性工作者。

第四十一章 兩個伊斯蘭男人的自白

兩個信伊斯蘭教的男人，和我一個來自天涯海角的中國人，素昧平生，萍水相逢。有似曾相識的投緣，以男人對男人的坦誠，用幾近自白的豪爽，評阿拉伯女人，說伊斯蘭宗教，披婚外之私情。難得意外地為我輕輕撩起神秘伊斯蘭面紗的一角。

那是 2012 年 11 月 2 日，我抵達摩洛哥南方大城馬拉喀什（Marrakesh）的第一個夜晚。用完晚餐後，我沿著市中心繁華的穆罕默德 V 大街溜達。

摩洛哥人愛晚睡晚起，華燈初上是他們一天「嗨」的開始，星期五就更是如此。街上行人熙熙攘攘，臨街的飲吧人影綽綽，桌邊坐著的幾乎全是男人。人手一杯，個個面街，好像在冷眼旁觀你來我往的人間俗世。

我手持相機，想著要拍下這「觀眾席」般的大街奇觀，便放慢了腳步。一聲「Hello」傳來，十分醒耳，我扭頭看。前排一桌坐著三男，中間一位在朝這邊招手。我指指自己問：叫我嗎？他點頭，我便走了過去。三人都在三十歲上下，招手的是一矮個，細皮白肉，一臉和氣，頭髮已經脫得厲害，說一口熟練的英文。我笑著問：為什麼招呼我？他說：人群中就你一外國人，好奇，就想聊聊。他移過椅子，邀我坐

▲ 圖 41-1 我和第一位伊斯蘭男人的交談就發生在這裡。

下，還要給我「也來一杯」，我擺擺手。

　　他自我介紹是本地人，在賓館前臺上班，與人打交道慣了，週五晚飯後約朋友在外面「坐坐」。我接過話自我介紹說，我是老中，第一次來摩洛哥旅遊，剛到馬市，明天一早要去撒哈拉。

　　我們就這樣聊了起來，另兩位話很少，也不說英語。三、五句下來，他突然說：你說你是老中，但你必定在某個英語國家長住過。哈！這句話反應了他敏銳的觀察力，讓我對他刮目相看。這就是我故事裡的第一位主角。

　　忽然他的一位朋友發出一聲小小的驚呼，我側頭，見他正發情般地盯著桌前走過的一個美女。矮個子朝我擠了一下眉眼，我問：你朋友單身？他點頭。又指著他自己和另一位說：我們倆已婚。他笑著說：剛才你說摩洛哥的 Mint Tea 太甜，那是因為我們喜歡甜，甜使我們「有勁」。阿拉伯男人「那方面」世界第一，也有糖的功勞。

▲ 圖 41-2 卡薩布蘭卡近郊一個小火車站的祈禱室。

▲ 圖 41-3 菲斯火車站上的又一個祈禱室。我徵得同意後站近門口拍照，服務人員還特意為我打開燈光讓我看得更清楚。

　　我接過話題說：阿拉伯女人漂亮，你們福氣不錯。你們的女人，皮膚有西方白人的白晰，又有東方亞裔的細膩。年輕美眉絕大多數身材豐滿勻稱，比東方人高挑，又沒有（北）歐人的「竿細」，他頻頻點頭。我告訴他，我在摩洛哥所見女人幾乎全是雙眼皮，身材面容姣好的高達百分之八、九十。阿拉伯女人在世界上，絕對排在冠亞之列。你們能娶好幾個老婆，美了你們了。

　　女人的話題使矮個子開始昂奮。他說：一夫多妻已是過去，現在只是少數幾個國家而已，比如沙烏地。我們這裡還是一夫一妻。不過～～他笑著說：我們有我們的「辦法」，呵呵。

　　我知道他的意思，就說：你們已經結婚，伊斯蘭教又那麼嚴格，怎麼會（How come）？他說他和那兩朋友都信伊斯蘭教，但很少去清真寺，有時自己祈禱一下而已。他說，伊斯蘭教也說過男女之間的事是「樂趣」（Fun）的話，（我回來後搜了一下，確實如此），而我喜歡女人，所以我也和其他女人上床。我驚訝地問：真的嗎（Really?）他說：真的，但是當然不能讓老婆知道。又說，找女人也不能找已經結婚的，否則會有麻煩。我說：找專門幹這一行的？（明知故問，因為即使是世俗伊斯蘭國家，那也是禁止的）。他說：不是。我說：那對方知道你們是已婚的嗎？他說：她們不管（Do not care）。

　　在伊斯蘭的國度，一個自稱的穆斯林，他說這些話時顯得稀鬆平常和淡定坦然。

　　似乎感覺到我的疑惑，所以他說了一句堪稱「經典」的話。他說：這是我和上帝之間的事（This is between me and the God）。他說的是英文「God」，而不是伊斯蘭的真主安拉(Allah)。更讓我驚奇的是，這同一句話，在我後來遇到的第二位自白者口裡，也說了出來，而且幾乎一字不差。

不到一個小時後，我帶著一種怪怪的心情起身告別。臨走我想給他拍張照，他沒讓。

六天之後，在千里之外的北方古城菲斯 (Fes)，我遇上了一位當地導遊阿米德（Ahmed），他在老城門邊主動邀我城外半日遊。由於服務不錯，我請他第二天再帶我游一天大梅克內斯 (Meknes)。在一天半的時間裡，與他獨處獨聊，他給我講皇陵古跡講清真寺，也講了他自己的故事。

阿米德是個細聲細語溫文爾雅的好人。有一次我想上廁所，而摩洛哥是幾乎沒有公廁的，他便帶我去一家咖啡店，二話不說買了一杯咖啡，就問清了店內的廁所，指給我去了。又有一次，路邊的景點處有水果攤。他告訴我，那裡的石榴不錯，我就想買。他說他比我懂，挑了兩個大的，順手掏出了 10Dh，只讓我付剩餘的 10Dh。我以為他也要一個，可是他都給了我。

不過阿米德也有患得患失的時候。說好的一日遊包括午餐，到了午飯時，他卻支支吾吾，說他合作的那家餐館很貴，全套原價 240，店方已給優惠 130，所以飲料應我自付。我說：可以。但這不是原先的協議，我不喜歡顛來倒去。

見我說他，他便不再吭聲。後來還主動說：如果多人合租他一輛車，費用分攤對你就合算了。現在你一個人遊 900，是貴了些，這些都說明他還算老實。不過，他對老婆可並不老實。

他已婚，信伊斯蘭教。說起信仰，顯得很懂很虔誠，他一天祈禱四次（而非五次），分別是清晨五點左右，七點左右，傍晚五點多，晚上七點多（應該還有上午 11 點多一次？如果我沒記錯的話）。他說，清真寺的祈禱呼叫，並非要信徒都去清真寺，在原地自己做也一樣，現在已經沒有人真的站在宣禮塔高處宣誦了，可用高音喇叭放錄音替代。所播的誦經之文，是

清真寺裡的 Wise Men 寫的，不一定是古蘭經原文，能播放出來的稿子，都必須經過當地伊斯蘭教的上級機構審批（嗯，黨委宣傳部）。

我想起南方矮個子「女人和宗教」的高論來，便問阿米德：阿拉伯男人怎麼啦？那樣的男人多嗎？他說：我們這方面「強」，一個女人滿足不了。我便直截了當地問：那你也這樣？他說：嗯哼。我說：阿拉伯女人保守，哪裡去找？他說：女人要到酒吧去找，找好了再去旅館。又說：好旅館很費錢，自己有地方就好了，但不能讓老婆知道，也不能找結了婚的。我明知故問：為什麼？他說：自找麻煩嘛。

他最後又說：我老了，不行了。我說：你多大？他說：你猜猜看？我說：40 吧？他歎氣道：50 啦。哈哈，典型尋花訪柳者的心理。讓我真正驚訝的是，他的很多話語和觀點與南方矮個子同曲同工，包括他們那個江湖的葵花寶典之名句：這是我和上帝之間的事（This is between me and the God）。

見識了這一南一北的一老一少兩位，可謂意外難得。說起來，二再加一，便成「三」而為「眾」；數學歸納法也有兩步完成證明之理。難道世俗伊斯蘭信仰的神秘面紗之下，穆斯林男人真的是人「信」不敵於人「性」了嗎？

▲ 圖 41-4 去馬拉喀什火車上我鄰座的伊斯蘭神職人員，和藹可親，但謹口慎言。

▲圖 41-5 去馬拉喀什火車上一對熱情誠懇的穆斯林夫婦。阿拉伯女人多中年發福，但眉目端正風情依舊，阿拉伯男人則高黑矮白參差不齊。

▼圖 41-6 我在菲斯的導遊阿米德和他的轎車，主動要我為他拍照留念，我後來還郵寄給了他。

第四十二章 在巴黎，有人這樣沾花惹草

新聊齋版

西番「法格裡西」（France）國，京城「扒籬」(Paris)。東南隅小站「傲死脫理智」（Paris-Austerlitz），客稀廳小。候車，老少兩女至，數尺之對。聊，米國母女。女有年不惑，碩大，坦胸及乳，狀風流，白膚泛紅多斑，徐娘矣。未幾，黑男瞬息突至，高壯黝黑，似而立之年，直狎近女，猶如天降。女頰微紅，唯未猥相從。「英格裡西」細潤入耳，男喊喊褻之，女咯咯昧之。如此這般，忽已四分之一時辰，不知所云。男曰：咖啡乎？（Can I buy you a cup of coffee?) 女再咯咯，未置可否。近半時辰，車終將至，快快然男去。旁之，目之，糞 (Fun) 也。

白話文版

這是個真實的故事，不過故事很小，所以想到了聊齋，便有了這段模仿聊齋的「塗鴉」。

事情發生在巴黎市東南的 Paris-Austerlitz 火車站。這是一個小站，離巴黎的另一個大火車站里昂 (Paris-Lyon) 站很近。那年我買了 21 天的歐洲鐵路通票在西歐瞎轉，那是一種只提供給歐洲境外的世界遊客的火車通用票，頭等車廂，無限制使用，而且涵蓋全部西歐，加上東歐的匈牙利。

那天我和太太為何沒從里昂火車站走，而是來這個小站？已經記不清了。是要去不遠的凡爾賽宮？還是去南邊的尼斯 (Nice) ？或是去東面另一國？當年還沒有隨手記錄每日行程的習慣，忘了。

我和太太先到的候車處，其實只是室外的幾排長椅而已。時間還早，候車處人不多。不一會兒來了那母女二人，就坐在我們對面的長條椅上，一米左右的距離。她們說起了英語，我們這才搭起話來。

　　她們自我介紹是母女，來自美國加利福尼亞。那是五月天，女兒四十左右，高大豐滿，袒胸露乳（幾乎），穿著十分暴露，在美國都能算是不同尋常的，所以招蜂引蝶了吧。

　　在我們閒聊之間，不知何時突然來了位三十左右的黑人男子，高大黝黑。我都沒注意到他是從哪裡冒出來的，只見他一個滑動箭步，從長條椅直奔那位女兒，簡直就是獵鷹撲食那般，動作幅度之誇張，湊近時幾乎貼到她耳朵了。

　　這位猛男全然無視我與太太就在咫尺之遙的事實，開始在她身邊磨磨唧唧說起話來，看不出他和她認識的樣子，因為女的神情顯得詭異。前後足有半個小時之久，我們都不好意思直視，也聽不清他在說些什麼，只聽得女的不時咯咯地笑，但很少搭話。

　　女的雖然沒有搭茬，卻也沒有保持距離，更沒流露出任何不喜歡不配合的意思。忽然聽到那黑男說了一句：Can I buy you a cup of coffee? 這是英語裡典型的一種進一步拉近關係的邀約，證實了他和她並不相識的陌生關係。這種話有點像中國人說：什麼時候我請你吃飯？只是沒有那麼正規而已。但女的還是沒有積極反應。我們猜想她不想過於絕情地反對，是一種謹慎的應對。

　　這倒說明那黑男確實有眼光，專找穿著暴露的「主」。不過從頭到尾，他並沒成功到動手動腳，最多只是將手臂伸到女方脖子後面的椅子背上，作勾肩搭背狀而已。在我看來，他也

許找對了人，卻找錯了時間和地方。真是一杯咖啡的時間恐怕都不夠的，因為人家畢竟要趕火車跑路。這人哪，真不知神經是怎麼「搭」的。

當年巴爾扎克在巴黎寫下《人間喜劇》，一百八十多年後的同一個地方，我有幸見證這個小小的人間鬧劇，開眼界了。

▲ 圖 42-1 巴黎街頭美女圖。

國家圖書館出版品預行編目資料

我走天涯那些年/ 邢協豪 著
　--初版-- 臺北市：博客思出版事業網：2020.4
　ISBN：978-957-9267-53-3 (平裝)

1.旅遊 2.旅遊文學 3.世界地理

719　　　　　　　　　　　　　　109001743

生活旅遊 19

我走天涯那些年

作　　　者：邢協豪
編　　　輯：塗宇樵
美　　　編：塗宇樵
封面設計：塗宇樵
出 版 者：博客思出版事業網
發　　　行：博客思出版事業網
地　　　址：台北市中正區重慶南路1段121號8樓之14
電　　　話：(02)2331-1675或(02)2331-1691
傳　　　真：(02)2382-6225
E—MAIL：books5w@gmail.com或books5w@yahoo.com.tw
網路書店：http://bookstv.com.tw/
　　　　　　https://www.pcstore.com.tw/yesbooks/
　　　　　　https://shopee.tw/books5w
　　　　　　博客來網路書店、博客思網路書店
　　　　　　三民書局、金石堂書店
總 經 銷：聯合發行股份有限公司
電　　　話：(02) 2917-8022　　傳　真：(02) 2915-7212
劃撥戶名：蘭臺出版社 帳號：18995335
香港代理：香港聯合零售有限公司
電　　　話：(852)2150-2100　　傳　真：(852)2356-0735
出版日期：2020年4月 初版
定　　　價：新臺幣380元整（平裝）
I S B N：978-957-9267-53-3